EL LENGUAJE SECRETO DE LOS ANIMALES

Explorando la Comunicación y los Misterios del Reino Animal

Pedro Agüero Vallejo

DEDICATORIA

Para Ynocencia Fernández de Agüero

Marlene Lioced, Jeffrey bienvenido, Pedro Joel Agüero

Tabla de contenido

Introducción

Los animales que nos rodean viven en un mundo de comunicación constante. A través de señales químicas, sonidos, lenguaje corporal y otras formas de comunicación, los animales se conectan y se comunican con su entorno, con otras especies y con otros miembros de su propia especie.

Desde las abejas que comunican la ubicación de las fuentes de alimento a través de sus danzas, hasta las ballenas que cantan para atraer a sus parejas, la comunicación animal es un mundo fascinante y complejo que apenas estamos empezando a descubrir.

En este libro, exploraremos el lenguaje secreto de los animales y descubriremos cómo se comunican los animales entre sí y con el mundo que les rodea. Desde las señales químicas que utilizan los insectos para comunicarse hasta los cantos de los pájaros y los lenguajes corporales de los grandes felinos, descubriremos los muchos modos en que los animales utilizan la comunicación para sobrevivir y prosperar en sus ecosistemas.

Pero la comunicación animal no es solo una cuestión de supervivencia. También nos muestra la cooperación y la empatía animal, y nos lleva a reflexionar sobre la complejidad y la riqueza de la vida animal. Esperamos que este libro te invite a explorar un mundo fascinante y sorprendente, lleno de historias fascinantes y de descubrimientos asombrosos sobre la vida animal.

Capítulo 1: ¿Por qué es importante el estudio del lenguaje animal?

El estudio del lenguaje animal es importante por muchas razones. En primer lugar, nos ayuda a entender mejor el mundo natural y la complejidad de la vida animal. Al comprender cómo se comunican los animales, podemos apreciar más profundamente sus comportamientos y entender mejor cómo interactúa con su entorno.

Además, el estudio del lenguaje animal puede tener aplicaciones prácticas. Por ejemplo, puede ayudarnos a entender mejor las dinámicas de las poblaciones animales y a desarrollar estrategias de conservación más efectivas.

También puede tener aplicaciones en la agricultura, la medicina y la tecnología, ya que la comunicación animal puede ofrecer pistas para el diseño de sistemas de comunicación más eficientes y efectivos.

Pero quizás la razón más importante para estudiar el lenguaje animal es que nos ayuda a conectarnos con otras formas de vida en nuestro planeta. Al comprender mejor cómo se comunican los animales, podemos desarrollar una mayor empatía hacia ellos y apreciar más profundamente su papel en los ecosistemas.

El estudio del lenguaje animal es importante no solo por sus aplicaciones prácticas, sino también por su capacidad de inspirarnos y conectarnos con el mundo natural.

Consideraciones sobre el papel de los animales en los distintos ecosistemas del nuestro planeta

Los animales son una parte fundamental de los ecosistemas en los que habitan. Desde los pequeños insectos que polinizan las plantas hasta los grandes depredadores que controlan las poblaciones de herbívoros, los animales juegan una variedad de roles en los ecosistemas que habitan.

Por ejemplo, muchos animales actúan como polinizadores, ayudando a las plantas a reproducirse y mantener su diversidad genética. Otros animales actúan como dispersores de semillas, ayudando a las plantas a colonizar nuevas áreas y expandir su territorio.

Muchos animales son importantes para mantener el equilibrio ecológico en los ecosistemas.

Por ejemplo, los depredadores ayudan a controlar las poblaciones de herbívoros, evitando que estas se sobrealimenten y dañen el ecosistema. Los animales también pueden actuar como indicadores de la salud del ecosistema, ya que su presencia o ausencia puede reflejar cambios en el medio ambiente.

Sin embargo, la presencia humana ha tenido un impacto significativo en los ecosistemas y en los animales que los habitan. La degradación del hábitat, la contaminación y la caza y la pesca insostenibles son algunas de las amenazas que enfrentan muchos animales en la actualidad.

Es importante tomar medidas para proteger y conservar los ecosistemas y las especies animales que habitan en ellos, para asegurar un futuro sostenible para nuestro planeta.

De qué manera la degradación del hábitat afecta la vida animal

La degradación del hábitat puede tener un impacto significativo en la vida animal. Los animales dependen de su hábitat natural para encontrar alimentos, agua y refugio. Cuando los hábitats se degradan o se destruyen, los animales se ven obligados a buscar nuevas fuentes de alimentos y refugio, lo que puede llevar a la competencia por los recursos y a la disminución de las poblaciones de animales.

Además, la degradación del hábitat puede afectar la capacidad de los animales para reproducirse y mantener su diversidad genética. Por ejemplo, la destrucción de los bosques puede reducir el espacio disponible para las poblaciones animales y fragmentar su hábitat, lo que dificulta la movilidad de los animales y limita su capacidad para encontrar pareja y reproducirse.

La degradación del hábitat también puede exponer a los animales a peligros adicionales, como la caza y la pesca insostenible, la contaminación y los cambios climáticos. La disminución de las poblaciones animales puede tener un efecto dominó en los ecosistemas, ya que los animales juegan un papel importante en la polinización, la dispersión de semillas y el control de las poblaciones de otras especies.

Por estas razones, es importante tomar medidas para proteger y conservar los hábitats naturales y las especies animales que dependen de ellos. La conservación de los ecosistemas puede asegurar un futuro sostenible para nuestro planeta y garantizar que las generaciones futuras puedan disfrutar de la diversidad de vida que existe en nuestro mundo.

Historia de investigaciones hechas sobre la comunicación animal

La investigación sobre la comunicación animal ha sido un tema de interés para los científicos durante décadas. Una de las primeras investigaciones en este campo se llevó a cabo en la década de 1940 por el zoólogo austríaco Konrad Lorenz. Lorenz observó que los gansos bebés seguían a la primera figura que se movía después de salir del huevo, lo que llevó al descubrimiento del fenómeno conocido como "impronta". Este hallazgo fue fundamental para comprender cómo los animales aprenden y establecen vínculos sociales.

En la década de 1960, el biólogo animal estadounidense George Schaller realizó una investigación pionera sobre el comportamiento de los gorilas en su hábitat natural en la selva de África. Schaller observó que los gorilas utilizan una variedad de señales visuales y auditivas para comunicarse entre sí, Además, incluyendo expresiones faciales, vocalizaciones y gestos corporales.

En las décadas siguientes, los científicos han seguido investigando la comunicación animal en una variedad de especies, incluyendo mamíferos, aves, insectos y otros animales. Estas investigaciones han revelado que los animales utilizan una variedad de señales para comunicarse, desde señales químicas y sonidos hasta lenguaje corporal y movimientos.

La investigación sobre la comunicación animal ha revelado que muchas especies poseen capacidades cognitivas y sociales complejas, transformando nuestra comprensión de su comportamiento y su rol en los ecosistemas.

Estudios detallados han mostrado que animales como los primates, delfines y aves no solo utilizan formas sofisticadas de comunicación para interactuar entre sí, sino que también demuestran habilidades de resolución de problemas, uso de herramientas, y aprendizaje social.

Por ejemplo, los chimpancés utilizan gestos y vocalizaciones específicas para coordinar la caza y resolver conflictos, mientras que, los delfines emplean silbidos únicos para identificarse y mantener la cohesión del grupo.

Estas capacidades indican niveles elevados de inteligencia y conciencia, desafiando la visión tradicional de la jerarquía cognitiva entre humanos y animales.

Este nuevo entendimiento enfatiza la importancia de considerar a los animales como seres conscientes con roles vitales en sus ecosistemas, promoviendo enfoques de conservación más éticos y efectivos que reconocen su complejidad y valor intrínseco.

Además, esta investigación ha demostrado la importancia de la conservación de hábitats naturales para

proteger las especies animales y su capacidad de comunicarse y sobrevivir.

Capacidades Cognitivas y Sociales de los Animales

Los animales poseen una variedad de capacidades cognitivas y sociales que les permiten interactuar entre sí y con su entorno de manera compleja. Muchas especies tienen la capacidad de aprender y recordar información, solucionar problemas y adaptarse a situaciones nuevas.

Algunos animales, como los primates, muestran una inteligencia y capacidad cognitiva sorprendentes. Estos animales son capaces de usar herramientas, resolver problemas complejos, y comunicarse mediante lenguajes de señas o vocalizaciones.

Además, los animales tienen una vida social compleja y pueden establecer vínculos emocionales con otros miembros de su especie. Por ejemplo, los elefantes tienen una estructura social compleja en la que las hembras viven en grupos familiares y se comunican mediante vocalizaciones y lenguaje corporal.

Los delfines también tienen una vida social activa y utilizan vocalizaciones complejas para comunicarse.

La investigación en estas áreas ha llevado a una mayor comprensión de la complejidad de la vida animal y ha demostrado la importancia de tratar a los animales

con respeto y proteger sus hábitats naturales para preservar su capacidad de comunicarse y mantener sus
estructuras sociales complejas.

Algunas investigaciones sobre cómo los primates,
muestran una inteligencia y capacidad cognitiva sorprendentes

Se han realizado muchas investigaciones sobre la inteligencia y la capacidad cognitiva de los primates, que
han demostrado su habilidad para resolver problemas
y aprender de manera compleja. A continuación, se
presentan algunas investigaciones destacadas:

El experimento de la banana y el cubo: en este experimento, los chimpancés fueron entrenados para usar
una vara para sacar una banana fuera de su alcance,
que se encontraba dentro de un cubo. Los investigadores luego cambiaron la vara por una más corta y los
chimpancés pudieron resolver el problema utilizando
dos varas juntas para alcanzar la banana.

El experimento de la memoria de trabajo: en este experimento, los chimpancés tenían que recordar una
secuencia de números y luego tocar las pantallas de
acuerdo con la secuencia. Los chimpancés demostra-
ron una capacidad de memoria de trabajo comparable
a la de los humanos.

El experimento de la teoría de la mente: en este experimento, los chimpancés fueron capaces de inferir la

ubicación de una fruta basándose en la información visual que se les proporcionaba y en lo que habían visto anteriormente. Este tipo de inferencia es un ejemplo de una "teoría de la mente", es decir, la capacidad de atribuir estados mentales a otros individuos.

Estos son solo algunos ejemplos de las investigaciones que se han llevado a cabo para demostrar la capacidad cognitiva sorprendente de los primates. Sin embargo, hay muchas más investigaciones que han demostrado la complejidad de la cognición animal, y se sigue investigando en esta área para comprender mejor cómo los animales aprenden y se adaptan a su entorno.

Algunas investigaciones sobre los elefantes, los cuales tienen una estructura social compleja en la que las hembras viven en grupos familiares y se comunican mediante vocalizaciones y lenguaje corporal.

Se han llevado a cabo muchas investigaciones sobre los elefantes y su estructura social compleja.

A continuación, se presentan algunas investigaciones destacadas:

Estudio de la comunicación vocal: Los elefantes utilizan una amplia variedad de sonidos, incluyendo gruñidos, rugidos y trompeteos para comunicarse entre ellos. Se ha demostrado que algunos de estos sonidos tienen significados específicos, como indicar peligro o alertar sobre la presencia de alimentos.

Investigación de las habilidades cognitivas: Se ha demostrado que los elefantes tienen habilidades cognitivas sorprendentes, como la capacidad de reconocerse en un espejo, comprender conceptos numéricos y demostrar memoria a largo plazo. También han demostrado la capacidad de mostrar empatía hacia otros miembros del grupo y ayudar a los elefantes enfermos o heridos.

Estudio del comportamiento social: Los elefantes viven en grupos familiares liderados por una matriarca, y se ha demostrado que tienen la capacidad de reconocer y recordar a otros miembros del grupo, incluso después de haber estado separados por muchos años.

También se ha observado que los elefantes muestran comportamientos sociales complejos, como el consuelo mutuo después de una pérdida o el cuidado de los elefantes jóvenes por parte de las hembras más viejas.

Estas son algunas de las investigaciones que se han llevado a cabo sobre los elefantes y su estructura social compleja. Los elefantes son animales fascinantes y se sigue investigando en esta área para comprender mejor su comportamiento y comunicación.

Investigaciones sobre el comportamiento de Los delfines también tienen una vida social activa y utilizan vocalizaciones complejas para comunicarse

Los delfines son conocidos por tener una vida social activa y utilizar vocalizaciones complejas para comunicarse. Se han realizado muchas investigaciones para comprender mejor su comportamiento y comunicación. A continuación, se presentan algunas investigaciones destacadas:

Estudio de las vocalizaciones: Los delfines utilizan una amplia variedad de sonidos para comunicarse, incluyendo silbidos, clics y chirridos. Se ha demostrado que algunos de estos sonidos tienen significados específicos, como la comunicación de identidad o la indicación de peligro. También se ha observado que los delfines son capaces de imitar sonidos y vocalizaciones de otros miembros de su grupo social.

Investigación del comportamiento social: Los delfines viven en grupos sociales complejos y se ha demostrado que tienen una jerarquía social en la que algunos individuos tienen más influencia que otros.

Los delfines demuestran comportamientos sociales complejos que reflejan una notable inteligencia y capacidad emocional. Entre estos comportamientos se incluye el consuelo mutuo después de una pérdida, donde los delfines se acercan y tocan a un compañero que ha experimentado una situación estresante o la pérdida de un miembro del grupo, mostrando empatía y apoyo emocional.

Además, los delfines adultos participan activamente en el cuidado de los jóvenes, una práctica conocida como "alloparental care". Este cuidado incluye protección, enseñanza de habilidades esenciales para la supervivencia, y juego, lo cual es crucial para el desarrollo social y cognitivo de los jóvenes delfines.

Estos comportamientos indican la existencia de vínculos sociales fuertes y estructuras de grupo complejas, que facilitan la cooperación y la cohesión dentro de la comunidad. El estudio de estas interacciones sociales avanzadas no solo profundiza nuestra comprensión de la vida social de los delfines, sino que también destaca la importancia de proteger sus hábitats naturales para preservar estas dinámicas sociales esenciales.

Estudio de la memoria y el aprendizaje de los delfines

Los delfines tienen una memoria a largo plazo y se ha demostrado que pueden recordar vocalizaciones y sonidos específicos durante muchos años. También han demostrado la capacidad de aprender nuevos comportamientos y habilidades a través de la observación y el entrenamiento.

Hemos de destacar la notable capacidad cognitiva de los delfines, específicamente su memoria a largo plazo y su habilidad para aprender. Se menciona que los delfines pueden recordar sonidos y vocalizaciones específicas durante muchos años, lo que indica que poseen una memoria excepcionalmente retentiva. Esto es significativo, pues les permite reconocer y reaccionar adecuadamente a las señales acústicas en su entorno, lo cual es crucial para su comunicación y navegación en el océano.

La capacidad de los delfines para aprender comportamientos y habilidades nuevas mediante la observación y el entrenamiento. Esto no solo muestra su inteligencia, sino también su capacidad para adaptarse y modificar su comportamiento en respuesta a nuevos estímulos o enseñanzas.

Esto es especialmente relevante en contextos de cautiverio o investigación, donde los delfines pueden ser entrenados para realizar tareas específicas o participar en estudios científicos.

Así que, he de resaltar la sofisticación cognitiva de los delfines, que les permite no solo recordar información compleja a largo plazo, sino también adquirir y adaptar nuevos comportamientos, demostrando así su avanzada capacidad de aprendizaje y adaptación.

Estas son algunas de las investigaciones que se han llevado a cabo sobre los delfines, y su comportamiento social y comunicación vocal. Los delfines son animales fascinantes y se sigue investigando en esta área para comprender mejor su vida social y cognitiva.

Los delfines tienen una memoria a largo plazo y se ha demostrado que pueden recordar vocalizaciones y sonidos específicos durante muchos años.

Los delfines son conocidos por tener una memoria impresionante a largo plazo. Se ha demostrado que pueden recordar vocalizaciones y sonidos específicos durante muchos años.

En un estudio realizado en 2013, los delfines pudieron recordar la llamada vocal de otro delfín después de haber estado separados durante más de 20 años.

Esta capacidad de memoria se cree que es una adaptación a su entorno marino y les permite reconocer a otros delfines y recordar su ubicación.

Además de su memoria, los delfines también utilizan vocalizaciones complejas para comunicarse entre sí. Se ha descubierto que estos mamíferos marinos tienen una amplia gama de sonidos diferentes que utilizan para comunicar diferentes mensajes.

También se ha demostrado que los delfines pueden imitar sonidos de otras especies animales, como aves y ballenas, lo que sugiere que tienen una capacidad cognitiva avanzada.

El comportamiento social de los delfines también es fascinante. Se sabe que viven en grupos sociales complejos y se comunican entre sí mediante vocalizaciones y lenguaje corporal. Los delfines también son conocidos por mostrar comportamientos altruistas y ayudar a otros miembros de su grupo, lo que sugiere que tienen un alto grado de empatía y cooperación social.

Hemos aprendido, que los delfines son criaturas fascinantes que tienen una amplia gama de capacidades cognitivas y sociales. Su memoria a largo plazo y su capacidad para comunicarse mediante vocalizaciones complejas los convierten en uno de los animales más interesantes para estudiar en el campo de la comunicación animal.

Vocalizaciones y métodos de comunicaciones entre los delfines

Los delfines son conocidos por su sofisticada forma de comunicación, que incluye una amplia variedad de vocalizaciones y señales acústicas. Estos cetáceos utilizan sonidos para comunicarse entre sí, coordinar actividades grupales, navegar y localizar presas a través de la ecolocalización. Aquí te explico más sobre sus métodos de comunicación:

Vocalizaciones

Silbidos: Cada delfín produce un silbido único, que funciona como su "nombre" individual. Este silbido permite a los miembros del grupo identificar y localizar a otros delfines incluso a larga distancia. Los silbidos son esenciales para mantener la cohesión social y la organización del grupo.

Clics: Los delfines emiten ráfagas de clics, que son fundamentales para la ecolocalización. Al emitir estos sonidos y escuchar los ecos que rebotan en objetos cercanos, los delfines pueden determinar la forma, tamaño, velocidad, distancia y dirección de los objetos o presas en su entorno.

Gruñidos y chillidos: Estos sonidos se utilizan en situaciones específicas, como durante el juego, las interacciones agresivas o el cortejo. Varían en tono e intensidad y ayudan a expresar emociones o intenciones.

Métodos de Comunicación No Vocal

Además de las vocalizaciones, los delfines también emplean otros métodos de comunicación:

Lenguaje corporal: Movimientos como saltos, golpes de aleta, y sacudidas de cabeza son formas de comunicación visual y táctil que pueden indicar alegría, advertencia, o simplemente ser parte de juegos.

Contacto físico: El contacto es común entre los delfines y puede servir para fortalecer los vínculos sociales o como parte de comportamientos de apareamiento.

Cooperación: Los delfines a menudo cazan en grupo, utilizando tácticas coordinadas que requieren una comunicación efectiva. Esto incluye cercar a bancos de peces o crear columnas de burbujas para confundir y capturar a sus presas.

Estos métodos de comunicación reflejan no solo la complejidad de las interacciones sociales de los delfines sino también su alta inteligencia y adaptabilidad.

Estos aspectos son cruciales para su supervivencia y éxito en el entorno marino.

El comportamiento social de los delfines

Los delfines son animales altamente sociales que viven en grupos llamados manadas o pods. En estos grupos, las hembras son generalmente más cercanas entre sí y forman relaciones sociales más estrechas, mientras que los machos son más solitarios y se unen temporalmente a las manadas para aparearse.

Los delfines se comunican mediante una variedad de vocalizaciones, incluyendo silbidos, chasquidos y gritos, y también utilizan lenguaje corporal, como movimientos de la cola y las aletas, para transmitir información y establecer relaciones sociales.

También se ha demostrado que los delfines tienen nombres únicos para sí mismos y que pueden reconocer y responder a los nombres de otros miembros de su manada.

Además de comunicarse, los delfines también tienen una serie de comportamientos sociales complejos, como la cooperación en la caza, la crianza de los jóvenes en grupos y la defensa de su territorio y miembros del grupo de los depredadores.

También pueden tener comportamientos lúdicos y curiosos, como saltar y jugar en el agua.

Es importante tener en cuenta que los delfines son animales altamente inteligentes y sensibles, y que el mantenimiento de su bienestar y libertad es crucial para su supervivencia y la conservación de su especie.

La avanzada capacidad cognitiva de las ballenas

Las ballenas son mamíferos marinos que se destacan por su avanzada capacidad cognitiva. Se ha demostrado que tienen un cerebro muy grande y complejo, lo que sugiere que son animales muy inteligentes. Al igual que los delfines, las ballenas también tienen una estructura social compleja y se comunican entre sí mediante vocalizaciones.

Se han realizado estudios que han demostrado que las ballenas tienen una memoria excelente, lo que les permite recordar vocalizaciones específicas de otros individuos y utilizarlas para comunicarse en el futuro. También se ha observado que las ballenas son capaces de resolver problemas complejos y que tienen un alto grado de empatía hacia otros miembros de su grupo social.

Las ballenas, especialmente las jorobadas, poseen habilidades musicales sorprendentes, produciendo canciones complejas que pueden durar hasta media hora.

Estas canciones están compuestas de secuencias de sonidos repetitivos y estructurados que varían en frecuencia y duración.

Se cree que tienen un propósito social importante, sirviendo como un medio de comunicación entre individuos y potencialmente para atraer a parejas durante la temporada de apareamiento.

Los machos suelen ser los cantores, y sus canciones pueden viajar grandes distancias bajo el agua, facilitando la comunicación en vastos océanos. Cada población de ballenas jorobadas tiene su propia "cultura musical" con canciones únicas que cambian y evolucionan con el tiempo, lo que sugiere un aprendizaje social complejo.

Este fenómeno destaca no solo la capacidad cognitiva avanzada de las ballenas, sino también la importancia de la acústica en sus interacciones sociales. La comprensión de estas habilidades musicales subraya la necesidad de proteger sus hábitats marinos de la contaminación acústica para conservar estas valiosas comunicaciones.

Las ballenas son animales fascinantes con una capacidad cognitiva avanzada que les permite tener una vida social activa y compleja, comunicarse mediante vocalizaciones y resolver problemas complejos.

Estudios sobre la capacidad cognitiva de las ballenas

Existen varios estudios interesantes sobre la capacidad cognitiva de las ballenas que podrían ser incluidos en el libro, tales como:

Un estudio realizado por científicos de la Universidad de St. Andrews en Escocia demostró que las ballenas jorobadas pueden planear y coordinar sus movimientos para atrapar presas. Los investigadores observaron que las ballenas trabajaban en equipo para crear cortinas de burbujas alrededor de las presas y luego nadaban juntas para capturarlas.

Otro estudio realizado por la Universidad de Chicago encontró que las ballenas beluga tienen una capacidad vocal única que les permite imitar los sonidos de otros animales y humanos. Los investigadores observaron que las ballenas beluga eran capaces de imitar los sonidos de las aves, los leones marinos y las personas que les hablaban.

Un estudio realizado por el Instituto de Investigación de Cetáceos en Canadá descubrió que las ballenas jorobadas tienen un sentido del ritmo sorprendentemente desarrollado. Los científicos observaron que las ballenas eran capaces de coordinar sus cantos con los patrones rítmicos de la música y otros sonidos.

Un estudio de la Universidad de California en Santa Cruz encontró que las ballenas grises tienen una memoria a largo plazo muy desarrollada. Los investigadores observaron que las ballenas podían recordar las rutas migratorias que habían seguido durante décadas, lo que les permitía regresar a los mismos lugares año tras año.

Estos son solo algunos ejemplos de los muchos estudios fascinantes que se han llevado a cabo sobre la capacidad cognitiva de las ballenas. Todos ellos demuestran que estos animales son mucho más inteligentes y sofisticados de lo que se pensaba anteriormente, y sugieren que aún tenemos mucho que aprender sobre su mundo y su forma de comunicarse.

Que métodos utilizan las ballenas para comunicarse entre si

Las ballenas utilizan diversas formas de comunicación para interactuar entre sí y con el mundo que les rodea. Una de las formas más importantes de comunicación es a través de sonidos, que pueden viajar largas distancias bajo el agua. Las ballenas producen una amplia gama de sonidos, desde llamados de contacto simples hasta complejas canciones de apareamiento.

Además de los sonidos, las ballenas también utilizan lenguaje corporal para comunicarse.

Algunas especies de ballenas, como las jorobadas, pueden realizar acrobacias impresionantes como saltos y giros para comunicarse visualmente con otras ballenas.

También se cree que las ballenas pueden comunicarse a través de señales químicas, como feromonas, que pueden transmitir información sobre su estado de ánimo, nivel de estrés y disponibilidad para aparearse.

Qué son las Feromonas que utilizan algunos animales para comunicarse

Las feromonas son sustancias químicas que producen algunos animales para comunicarse entre sí y transmitir información sobre su identidad, estado reproductivo, territorialidad, entre otros aspectos.

Estas sustancias son detectadas por los receptores olfatorios de otros animales de la misma especie y pueden provocar una respuesta conductual o fisiológica en ellos, como la búsqueda de pareja o la marca de un territorio.

Las feromonas son utilizadas por una amplia variedad de animales, incluyendo insectos, mamíferos y reptiles, y su papel en la comunicación animal ha sido objeto de numerosas investigaciones científicas.

Cuáles son las intenciones de los animales al marcar territorios

Los animales marcan territorios principalmente para defender su espacio y los recursos esenciales para su supervivencia y reproducción.

Este comportamiento territorial asegura acceso exclusivo a fuentes de alimento, agua, refugio y parejas potenciales, lo cual es crucial para su bienestar.

Los métodos de marcaje varían según la especie e incluyen el uso de olores, vocalizaciones, señales visuales y marcas físicas. Por ejemplo, los felinos grandes como los tigres marcan su territorio con orina y arañazos en los árboles, mientras que las aves cantan para establecer y mantener sus límites territoriales.

Los territorios bien defendidos reducen la competencia intraespecífica y aumentan las posibilidades de éxito reproductivo. Además, un territorio protegido proporciona un entorno seguro para criar a los jóvenes.

Este comportamiento territorial no solo refleja la adaptación de los animales a su entorno, sino que también subraya la importancia de conservar sus hábitats naturales, asegurando que dispongan de los recursos necesarios para mantener sus territorios y prosperar.

Algunos animales utilizan diversas señales para marcar sus territorios y advertir a otros de que ese espacio ya está ocupado. Estas señales incluyen feromonas, orina, heces, vocalizaciones y marcas físicas como rasguños en árboles o rocas.

Las feromonas, sustancias químicas secretadas, transmiten información específica sobre la identidad y estado del individuo. La orina y las heces, además de marcar la presencia, pueden indicar el estado reproductivo y la salud del animal.

Los rasguños en superficies visibles sirven como señales visuales y olfativas, especialmente en especies como los felinos grandes. Las vocalizaciones, como los cantos de aves o los rugidos de los leones, anuncian la ocupación del territorio y disuaden a intrusos.

Estos métodos de marcaje territorial son vitales para minimizar conflictos, asegurando el acceso exclusivo a recursos esenciales como alimentos, agua y refugio. En resumen, estos comportamientos reflejan estrategias evolutivas para la defensa y gestión eficiente de los recursos necesarios para la supervivencia y reproducción.

El objetivo es establecer una jerarquía y evitar conflictos innecesarios con otros individuos de la misma especie. También puede haber interacciones competitivas y cooperativas entre animales del mismo territorio que defienden sus recursos compartidos.

El capítulo 2
Las Señales Químicas que utilizan los animales

Los animales utilizan diferentes tipos de señales para comunicarse entre sí, incluyendo señales químicas que son especialmente importantes en el mundo animal. Estas señales químicas son emitidas por un animal y recibidas por otro a través del olfato o el gusto, y pueden transmitir información importante sobre la identidad, el estado reproductivo, la territorialidad y otros aspectos del comportamiento animal.

Una de las señales químicas más importantes es la feromona, que es una sustancia química producida por un animal para influir en el comportamiento o la fisiología de otros animales de la misma especie.

Las feromonas pueden ser utilizadas para marcar territorios, atraer a un compañero para aparearse, o para indicar la presencia de un depredador o una presa.

Por ejemplo, las hormigas utilizan las feromonas para comunicarse entre sí y para marcar los caminos que deben seguir para llegar a la comida.

Otra señal química importante es el odoroma, que es un conjunto de moléculas odoríferas emitidas por un animal. Estas moléculas pueden transmitir información importante sobre la identidad y el estado de un animal, y pueden ser utilizadas para reconocer a los miembros de una familia, para identificar a un compañero potencial, o para identificar la presencia de un depredador o una presa.

Además de las feromonas y los odoromas, los animales también utilizan otras señales químicas como la orina, las heces y las secreciones glandulares para comunicarse. Estas señales pueden proporcionar información sobre el territorio, el estado de salud y la disponibilidad de recursos en un área determinada.

En resumen, las señales químicas son un medio importante de comunicación en el mundo animal y son utilizadas por muchas especies para transmitir información importante sobre la identidad, el estado reproductivo, la territorialidad y otros aspectos del comportamiento animal.

Su estudio es fundamental para comprender la complejidad y diversidad de las relaciones entre los animales en los ecosistemas naturales.

Los odoromas, otra forma de comunicación animal

Los odoromas, los animales también utilizan otras señales químicas como la orina, las heces y las secreciones glandulares para comunicarse.

En la naturaleza, la comunicación entre animales es fundamental para la supervivencia. Además de las señales visuales y sonoras, los animales también utilizan señales químicas, conocidas como odoromas, para comunicarse con otros individuos de su especie.

Los odoromas son un conjunto de señales químicas que son liberadas por los animales a través de la orina, las heces y las secreciones glandulares. Estas señales contienen información importante sobre el estado de ánimo, la edad, el sexo y la salud de un animal.

Los odoromas también son utilizados por los animales para marcar su territorio y para indicar su presencia a otros individuos. Por ejemplo, los gatos utilizan la orina para marcar su territorio y las secreciones de las glándulas anales para indicar su presencia a otros gatos.

Además, los odoromas también pueden ser utilizados para atraer a individuos del sexo opuesto durante la época de apareamiento. En algunos casos, los machos liberan feromonas para atraer a las hembras, mientras que en otros casos son las hembras las que liberan las feromonas para atraer a los machos.

La capacidad de los animales para detectar y responder a las señales químicas es sorprendente. Algunos animales tienen un olfato muy agudo que les permite detectar señales químicas a largas distancias. Por ejemplo, las mariposas pueden detectar las feromonas liberadas por los machos a kilómetros de distancia.

Los odoromas son una forma importante de comunicación animal que ha evolucionado para ayudar a los animales a sobrevivir y reproducirse en la naturaleza. La capacidad de los animales para detectar y responder a estas señales químicas es un testimonio de la complejidad y sofisticación de la comunicación animal.

Pheromonas: Como el lenguaje invisible de los insectos

Las feromonas son sustancias químicas producidas por los animales para comunicarse entre sí, y los insectos son expertos en este tipo de comunicación química. Para ellos, las feromonas son como un lenguaje invisible que utilizan para atraer a compañeros, marcar territorios, encontrar alimento y defenderse de posibles peligros.

Las feromonas pueden ser emitidas por diferentes partes del cuerpo, como glándulas, antenas, patas o alas, y cada especie de insecto tiene su propia combinación de feromonas que le permite comunicarse de manera efectiva con los demás miembros de su especie.

Por ejemplo, las hormigas utilizan feromonas para marcar senderos que les permiten encontrar la comida y regresar al nido. Cuando una hormiga encuentra alimento, regresa al nido dejando un rastro de feromonas que las demás hormigas pueden seguir para encontrar la misma fuente de alimento.

De esta manera, las hormigas pueden trabajar juntas de manera eficiente para recolectar alimentos y mantener el nido.

Los escarabajos utilizan feromonas para atraer a compañeros y marcar territorios. Algunos escarabajos machos producen feromonas que atraen a las hembras, y otros producen feromonas que repelen a otros machos y les impiden entrar en su territorio.

En general, las feromonas son un medio efectivo de comunicación para los insectos, ya que pueden viajar grandes distancias y no requieren contacto físico directo. Además, son muy específicas para cada especie y no afectan a otros insectos o animales que no son el objetivo de la comunicación química.

Las feromonas son un componente esencial del lenguaje invisible de los insectos, permitiéndoles comunicarse de manera efectiva y coordinar sus actividades para sobrevivir y prosperar en sus entornos naturales.

Estas sustancias químicas son liberadas al ambiente y detectadas por otros miembros de la misma especie, desencadenando respuestas específicas.

Por ejemplo, las hormigas utilizan feromonas para trazar rutas hacia fuentes de alimento, creando senderos que otros miembros del grupo pueden seguir.

Las abejas, por otro lado, usan feromonas para alertar a la colmena sobre amenazas o para coordinar el comportamiento reproductivo. Las mariposas nocturnas emiten feromonas sexuales para atraer parejas desde grandes distancias.

Este sistema de comunicación es increíblemente preciso y eficiente, facilitando la organización social y la cooperación entre los individuos. Las feromonas permiten a los insectos adaptarse rápidamente a cambios en su entorno, optimizando la búsqueda de alimentos, la defensa del territorio y la reproducción, contribuyendo así a su éxito evolutivo.

Las hormigas utilizan feromonas para marcar senderos

Esto les permiten encontrar la comida y regresar al nido.

Las hormigas son uno de los insectos más fascinantes por su comportamiento social.

Una de las habilidades que tienen las hormigas es la de encontrar alimento y llevarlo de regreso al nido. Para hacer esto, las hormigas utilizan feromonas como una forma de comunicación química.

Cuando una hormiga encuentra una fuente de alimento, deja un rastro de feromonas en el camino de regreso al nido. Las feromonas son sustancias químicas que actúan como señales para otros miembros de la colonia. Las hormigas que siguen el rastro de feromonas llegan a la fuente de alimento y también dejan su propio rastro de feromonas en el camino de regreso.

Este proceso se repite hasta que todas las hormigas de la colonia han encontrado la fuente de alimento y la han llevado de regreso al nido.

Las feromonas también se utilizan para marcar territorios y para identificar a miembros de la misma colonia. Las feromonas son producidas por glándulas ubicadas en el cuerpo de la hormiga y son transportadas a través del aire o del contacto directo.

Las hormigas son un excelente ejemplo de cómo los insectos utilizan señales químicas para comunicarse y coordinar sus actividades en una colonia.

Las feromonas son una herramienta importante en la comunicación de las hormigas y les permiten realizar tareas complejas de manera efectiva y eficiente.

El Marcado territorial y la comunicación olfativa

El marcado de territorios es un comportamiento común en muchos animales, que utilizan diversas señales para comunicar su presencia y delimitar su territorio.

El marcado territorial es una práctica vital para muchos animales, pues les permite establecer y mantener áreas exclusivas para actividades como la alimentación, el apareamiento y la crianza de sus crías. Esta demarcación de territorio puede ser comunicada a través de diferentes métodos, siendo la comunicación olfativa una de las más prevalentes en muchas especies.

Marcado Territorial

Señales Visuales: Algunos animales utilizan señales visuales para marcar su territorio, como el rasgado de corteza en los árboles por parte de algunos felinos y osos, o la acumulación de objetos o vegetación. Estas señales sirven como un claro indicativo visual para otros animales de que un área está ocupada.

Señales Acústicas: Los sonidos también pueden ser utilizados para marcar territorio. Por ejemplo, los pájaros cantan para señalar su presencia y establecer el perímetro de su dominio, lo cual es especialmente común durante la temporada de apareamiento.

Señales Físicas: En algunos casos, como el de los lobos y otros cánidos, el territorio se marca con huellas o arañazos en el suelo, mostrando la actividad y la presencia regular del animal en ese lugar.

Comunicación Olfativa

La comunicación olfativa es un método esencial mediante el cual los animales utilizan olores para transmitir información, siendo particularmente efectivo y duradero para el marcado territorial.

Esta forma de comunicación involucra la liberación de sustancias químicas como feromonas, orina y heces, que llevan señales olfativas detectables por otros individuos.

Los olores pueden indicar la presencia de un animal, su identidad, estado reproductivo, y hasta su nivel de dominancia. Por ejemplo, los lobos y los zorros marcan su territorio con orina, señalando claramente los límites de su espacio a posibles intrusos.

Las señales olfativas tienen la ventaja de perdurar en el tiempo, proporcionando una advertencia continua incluso en ausencia del animal que marcó el territorio. Además, la comunicación olfativa puede operar en la oscuridad y en hábitats densos donde la visibilidad es limitada.

Este método asegura que los recursos esenciales dentro del territorio, como alimento y refugio, se mantengan disponibles y protegidos, optimizando las posibilidades de supervivencia y éxito reproductivo del animal.

Feromonas y Marcadores Químicos: Muchos animales secretan feromonas o utilizan otras sustancias químicas que dejan un olor distinto. Por ejemplo, los felinos tienen glándulas especiales en su cara y cuerpo que les permiten depositar su olor en lugares estratégicos.

Los perros y lobos, por otro lado, marcan su territorio mediante la orina, que no solo sirve para delimitar espacios sino también para comunicar su estado reproductivo y jerarquía social.

Durabilidad de las Señales Olfativas: A diferencia de las señales visuales y acústicas que pueden desaparecer o ser transitorias, las señales olfativas pueden perdurar más tiempo, asegurando que el mensaje de ocupación territorial se mantenga incluso en ausencia del animal.

El marcado territorial y la comunicación olfativa son, por tanto, fundamentales para la estructura social y la supervivencia de muchas especies, facilitando la coexistencia pacífica entre animales mediante la clara demarcación de espacios habitables y la comunicación de información vital sobre el estado y las intenciones del marcador.

Una de las formas en que los animales marcan su territorio es a través de la comunicación olfativa, mediante el uso de feromonas y otras señales químicas.

Los animales pueden marcar su territorio de diferentes maneras, como orinando, defecando o frotándose contra objetos, y estas señales químicas pueden indicar la presencia del animal, su sexo, su estado reproductivo y otras características importantes para la comunicación social.

Por ejemplo, los lobos marcan su territorio orinando en árboles y rocas, y las feromonas en su orina contienen información sobre su identidad, estado reproductivo y el tamaño y la ubicación de su territorio.

De esta manera, los lobos pueden comunicarse con otros miembros de la manada y con otros lobos en su área para evitar conflictos y competencia.

Las hormigas también utilizan la comunicación olfativa para marcar sus senderos y delimitar su territorio.

Las hormigas exploradoras pueden dejar una huella de feromonas en el camino hacia una fuente de alimento, lo que permite a las demás hormigas seguir el mismo camino y encontrar la comida de manera más eficiente.

De esta manera, las feromonas ayudan a las hormigas a coordinar su comportamiento y maximizar su eficiencia en la búsqueda de alimentos.

La comunicación olfativa y el marcado territorial son dos aspectos importantes de la comunicación animal, y juegan un papel crucial en la organización social y el comportamiento de muchas especies animales.

Concepto de la comunicación olfativa

La comunicación olfativa es un fenómeno que se da en muchos animales, desde insectos hasta mamíferos, y consiste en el uso de olores para enviar señales a otros individuos. Esta forma de comunicación se basa en la emisión y detección de sustancias químicas llamadas feromonas.

Las feromonas son moléculas producidas por una glándula que se encuentran en la piel o en las membranas mucosas de los animales, y son liberadas al ambiente en pequeñas cantidades. Estas moléculas son detectadas por receptores específicos en el sistema olfatorio del receptor, que se encuentra en la nariz o en otras partes del cuerpo, dependiendo del animal.

Los animales utilizan la comunicación olfativa para una variedad de propósitos, incluyendo la identificación de individuos de la misma especie, la selección de pareja, la marcación territorial, la comunicación de peligro y la identificación de presas o depredadores.

Por ejemplo, en los lobos, los machos y las hembras utilizan feromonas para marcar su territorio y para comunicar su presencia a otros miembros de la manada. En las abejas, las feromonas se utilizan para coordinar el comportamiento de la colonia y para señalar la presencia de la reina.

Además, en algunos animales, como los perros, los gatos y los caballos, la comunicación olfativa también se utiliza para establecer vínculos emocionales. Estos animales pueden reconocer a las personas que les importan por su olor y pueden utilizar el olfato para sentirse seguros y cómodos.

La comunicación olfativa también tiene implicaciones en la relación entre los humanos y los animales. Los perros, por ejemplo, utilizan el olfato para identificar a sus dueños y para comunicar su estado de ánimo.

Los humanos también pueden utilizar productos químicos, como feromonas sintéticas, para influir en el comportamiento de los animales, como en la atracción de ciertos insectos para la polinización de cultivos.

En conclusión, la comunicación olfativa es una forma importante de comunicación en el mundo animal, que les permite a los animales interactuar y comunicarse con su entorno de manera efectiva.

La comprensión de esta forma de comunicación puede tener implicaciones en áreas como la conservación de la biodiversidad, la producción de alimentos y la relación entre los humanos y los animales.

La química del apareamiento en los animales

La química del apareamiento en los animales es un tema fascinante que nos permite entender cómo se lleva a cabo el proceso de reproducción en diferentes especies. La comunicación química entre individuos es crucial para la reproducción y la selección del compañero adecuado.

En este artículo, exploraremos la química del apareamiento en los animales y cómo afecta su comportamiento reproductivo.

En muchos animales, la selección del compañero adecuado se basa en la detección de señales químicas. Por ejemplo, las feromonas son sustancias químicas producidas por las glándulas sexuales o las glándulas exocrinas que actúan como mensajeros químicos entre individuos de la misma especie.

Las feromonas pueden ser detectadas por los receptores olfatorios en el sistema nervioso de los animales y desencadenar una variedad de comportamientos reproductivos.

En los mamíferos, las feromonas sexuales juegan un papel importante en la selección del compañero adecuado y en la sincronización del ciclo reproductivo. Los machos pueden detectar la feromona sexual producida por las hembras en celo y seguir el rastro hasta encontrarlas.

Además, las hembras pueden detectar las feromonas de los machos y seleccionar a los que tienen un perfil químico que les resulta atractivo.

En los insectos, la comunicación química es especialmente importante para la selección del compañero adecuado.

Muchas especies de insectos producen feromonas para atraer a los compañeros de apareamiento y comunicarse sobre la disponibilidad de alimentos y la ubicación de sus nidos. Los machos pueden detectar las feromonas de las hembras y rastrearlas para aparearse.

Otra forma de comunicación química en los animales es a través de los olores corporales. Los animales pueden emitir olores corporales que les permiten comunicar su estado de ánimo, su edad y su disponibilidad para aparearse.

Los machos pueden emitir feromonas de marcaje para indicar su territorio y disuadir a otros machos de competir por el mismo territorio y compañeras.

En conclusión, la química del apareamiento es un aspecto crucial de la comunicación animal que permite a los individuos seleccionar el compañero adecuado y garantizar la supervivencia de su especie.

La comunicación química es compleja y diversa, y se basa en la detección de feromonas, olores corporales y otros compuestos químicos que pueden tener una variedad de efectos en el comportamiento reproductivo de los animales.

Capítulo 3:
La Comunicación Sonora de los Animales

La comunicación sonora es uno de los métodos más importantes que los animales utilizan para interactuar con su entorno y con otros individuos de su especie. A través de los sonidos, los animales pueden transmitir información crucial para su supervivencia, como la localización de alimento, el peligro y la presencia de depredadores o competidores.

Los sonidos que los animales emiten y reciben pueden variar en tono, duración, frecuencia y amplitud, y pueden ser producidos por la vibración de las cuerdas vocales, la modulación de la cavidad nasal o la vibración de partes del cuerpo. La comunicación sonora puede ser tanto voluntaria como involuntaria, y puede ser utilizada para transmitir mensajes específicos, para mantener el contacto con otros individuos o para marcar territorios.

Los animales que utilizan la comunicación sonora incluyen una amplia variedad de especies, desde insectos hasta grandes mamíferos marinos. Algunos de los ejemplos más conocidos incluyen a los grillos y las cigarras, que utilizan sus llamados para atraer parejas, y a los pájaros, que utilizan canciones y llamadas para comunicarse con otros miembros de su especie y para marcar su territorio.

Otros ejemplos son los de mamíferos marinos, como las ballenas, los delfines y los lobos marinos, que utilizan sonidos de alta frecuencia y complejidad para comunicarse y navegar en su entorno acuático. Algunos de estos animales incluso utilizan la eco localización para detectar la ubicación de objetos y presas en su entorno.

La comunicación sonora también puede ser utilizada para señalar la presencia de depredadores o la presencia de alimento. Por ejemplo, los monos aulladores emiten llamados ruidosos para alertar a otros miembros del grupo sobre la presencia de depredadores, mientras que las hormigas utilizan un chirrido agudo para llamar a otros miembros del hormiguero para la búsqueda de alimentos.

La comunicación sonora en el reino animal es una herramienta compleja que cumple múltiples funciones, incluyendo la alerta sobre peligros inminentes y la indicación de recursos alimenticios disponibles. Este tipo de comunicación puede ser crucial para la supervivencia y el éxito reproductivo de muchas especies.

Alerta de Predadores

Los monos aulladores son un ejemplo clásico de cómo los sonidos pueden usarse para alertar sobre la presencia de depredadores. Estos primates, conocidos por sus vocalizaciones profundas y resonantes, utilizan diferentes tipos de aullidos para comunicar distintos niveles de amenaza.

Un aullido específico puede indicar la presencia de un depredador terrestre, como un jaguar, mientras que otro tipo puede ser usado si el peligro viene desde el aire, como en el caso de las águilas.

Estas señales sonoras permiten a los miembros del grupo adoptar comportamientos de evasión o defensa, como agruparse, huir o esconderse en la densa vegetación.

Localización de Alimentos

En el caso de las hormigas, la comunicación sonora desempeña un papel fundamental en la coordinación de actividades relacionadas con la alimentación.

Algunas especies de hormigas son capaces de emitir chirridos mediante el roce de partes de su cuerpo, un proceso conocido como estridulación. Cuando una hormiga descubre una fuente de alimento, puede emitir estos chirridos para alertar a otras hormigas del hallazgo.

Este sonido sirve como una señal de reunión, guiando a otras hormigas hacia el alimento y facilitando así la recolección eficiente y el transporte de recursos hacia el hormiguero.

Funciones Adicionales de la Comunicación Sonora

Además de alertar sobre peligros y señalar recursos alimenticios, la comunicación sonora puede tener otras funciones, como:

Coordinación de Movimientos: En especies que viven en grandes grupos, como aves migratorias o peces en cardúmenes, los sonidos pueden ayudar a coordinar los movimientos del grupo, asegurando que todos los miembros se muevan de manera sincronizada.

El establecimiento de jerarquías sociales mediante sonidos es una estrategia común en diversas especies para organizar y mantener el orden dentro de grupos sociales.

En manadas de lobos, los aullidos y gruñidos desempeñan un papel crucial en la afirmación de dominancia y la coordinación del grupo. El líder de la manada, o alfa, utiliza vocalizaciones específicas para comunicar su autoridad y mantener la cohesión del grupo.

En los grupos de primates, como los chimpancés, los gritos, llamados y otros sonidos son fundamentales para establecer rangos sociales. Los machos dominantes emiten vocalizaciones poderosas para intimidar a rivales y asegurar su posición jerárquica.

Estos sonidos también pueden mediar conflictos y facilitar la cooperación dentro del grupo. Al establecer jerarquías claras, estas vocalizaciones ayudan a reducir la agresión y a promover la estabilidad social, asegurando que los recursos, como alimentos y parejas, se distribuyan de manera eficiente y que el grupo funcione de manera cohesionada y efectiva.

Atracción de Parejas

Durante la temporada de apareamiento, muchas especies utilizan sonidos para atraer parejas, siendo un componente crucial del cortejo en muchas aves y mamíferos.

La comunicación sonora es, por tanto, una parte integral de la vida en muchos ecosistemas, facilitando no solo la supervivencia individual y del grupo sino también contribuyendo a la compleja dinámica social de diversas especies.

En conclusión, la comunicación sonora es una herramienta crucial para los animales, ya que les permite interactuar con su entorno y con otros individuos de su especie. La capacidad de los animales para producir y percibir sonidos puede ser esencial para su supervivencia y reproducción, y es un aspecto fascinante de su comportamiento y biología.

Chirridos agudos utilizan las hormigas para llamar a otros miembros del hormiguero para la búsqueda de alimentos.

Las hormigas son conocidas por su capacidad para comunicarse entre sí mediante el uso de feromonas y señales químicas, pero también utilizan sonidos para comunicarse. Uno de los sonidos más comunes que emiten las hormigas es un chirrido agudo que utilizan para llamar a otros miembros del hormiguero para la búsqueda de alimentos.

Este chirrido es producido por una especie de "raspado" que las hormigas hacen con sus patas y antenas. Aunque el sonido es imperceptible para los seres humanos, otras hormigas pueden detectarlo fácilmente y responder rápidamente al llamado.

Además del chirrido de búsqueda de alimento, las hormigas también utilizan otros sonidos para comunicarse entre sí, como el sonido de alarma para alertar a otros miembros del hormiguero de un peligro cercano y el sonido de la reina para mantener la cohesión y organización del grupo.

Los estudios sobre la comunicación sonora de las hormigas han demostrado que estas pequeñas criaturas son capaces de producir y detectar una variedad de sonidos, lo que les permite comunicarse de manera efectiva y coordinar sus actividades en el hormiguero.

Además, estas investigaciones sugieren que la comunicación sonora es una forma importante de comunicación en las sociedades de hormigas y que juega un papel crucial en la supervivencia y éxito de la colonia.

Vocalizaciones de los mamíferos marinos

Los mamíferos marinos son conocidos por ser animales sociales y comunicativos, y las vocalizaciones que producen son una parte importante de su comportamiento social y de su capacidad para interactuar con el entorno acuático. En este artículo nos centraremos en las vocalizaciones de los mamíferos marinos y cómo utilizan estas señales acústicas para comunicarse.

Las vocalizaciones de los mamíferos marinos incluyen sonidos producidos por ballenas, delfines y focas. Las ballenas son especialmente conocidas por sus vocalizaciones, que a menudo se describen como "cantos".

Los cantos de las ballenas se producen principalmente durante la temporada de apareamiento, y se cree que son utilizados para atraer a las hembras y establecer territorios de apareamiento. Los cantos de las ballenas pueden ser extremadamente complejos, con diferentes patrones y estructuras que varían según la especie y la población de ballenas.

Las focas

Estas también, producen vocalizaciones, aunque son menos estudiadas que las vocalizaciones de las ballenas y los delfines. Las focas producen sonidos que van desde gruñidos y rugidos hasta silbidos y aullidos. Estas vocalizaciones son utilizadas por las focas para comunicarse entre sí y para establecer territorios de apareamiento.

Las focas son animales marinos que, al igual que otros mamíferos acuáticos, utilizan vocalizaciones como parte esencial de su comunicación. Aunque las investigaciones sobre sus vocalizaciones no son tan extensas como las realizadas en ballenas y delfines, se sabe que las focas emplean una variedad de sonidos que juegan un papel crucial en su comportamiento social y reproductivo.

Estos sonidos incluyen gruñidos, rugidos, silbidos y aullidos, cada uno con funciones específicas. Por ejemplo, los rugidos y gruñidos suelen estar asociados con el establecimiento y la defensa de territorios de apareamiento.

Durante la temporada reproductiva, los machos de foca pueden volverse extremadamente vocales para advertir a otros machos de su presencia y evitar conflictos. Esta señalización acústica es vital para mantener la estructura social durante este periodo crítico.

Además, las vocalizaciones también facilitan la identificación entre individuos, especialmente entre las madres y sus crías en colonias densamente pobladas. Los silbidos y aullidos pueden ayudar a las crías a localizar a sus madres en medio del ruido de fondo de una colonia activa.

Esta capacidad de reconocimiento vocal es fundamental para el éxito del cuidado parental, asegurando que las crías reciban la atención y protección necesarias durante las primeras y vulnerables etapas de la vida.

En resumen, las vocalizaciones de las focas son herramientas complejas de comunicación que cumplen funciones críticas en la organización social, la defensa del territorio, el apareamiento y la crianza de las crías, destacando la rica vida social de estas fascinantes criaturas marinas.

La capacidad de los mamíferos marinos para producir vocalizaciones

La capacidad de los mamíferos marinos para producir y utilizar vocalizaciones es impresionante, pero también es vulnerable a la interferencia humana.

El ruido producido por los barcos, la exploración sísmica y otras actividades humanas puede interferir en la capacidad de los mamíferos marinos para comunicarse y navegar en su entorno.

Estas interferencias pueden tener consecuencias graves para las poblaciones de mamíferos marinos, y se están implementando medidas para reducir la interferencia y proteger a estos animales en peligro.

Las vocalizaciones de los mamíferos marinos son una parte importante de su comportamiento social y de su capacidad para interactuar con el entorno acuático. Estos sonidos son utilizados por los mamíferos marinos para comunicarse, encontrar alimento y establecer territorios de apareamiento.

Comprender la importancia de las vocalizaciones de los mamíferos marinos es crucial para su protección y conservación. Estos sonidos son esenciales para la comunicación, la navegación y la reproducción de especies como los delfines y las ballenas.

Utilizan una variedad de clics, silbidos y cantos para coordinar actividades grupales, localizar presas, y atraer parejas.

La interferencia humana, especialmente la contaminación acústica generada por el tráfico marítimo, la exploración de petróleo y gas, y otras actividades industriales, puede desorientar a estos animales, dificultar su comunicación y afectar negativamente su comportamiento y bienestar.

El ruido subacuático excesivo puede incluso causar varamientos y estrés físico. Por ello, es vital implementar medidas de mitigación, como establecer zonas de protección acústica, regular el ruido industrial y promover tecnologías más silenciosas.

Al proteger a los mamíferos marinos de la interferencia humana, ayudamos a preservar sus comportamientos naturales y aseguramos su supervivencia a largo plazo en nuestros océanos.

El Lenguaje de las Ballenas

Las ballenas son conocidas por su capacidad para producir sonidos complejos y variados, que utilizan para comunicarse entre sí y navegar en su entorno acuático.

En este artículo, exploraremos el lenguaje de las ballenas y cómo utilizan estas señales acústicas para interactuar con su entorno y otros miembros de su especie.

Tipos de Vocalizaciones de las Ballenas

Las vocalizaciones de las ballenas pueden ser divididas en dos categorías principales: los sonidos de baja frecuencia, producidos por la laringe de las ballenas, y los sonidos de alta frecuencia, producidos por la vibración de las estructuras nasales.

Sonidos de Baja Frecuencia

Los sonidos de baja frecuencia de las ballenas pueden viajar grandes distancias a través del agua y son utilizados para la comunicación a larga distancia y la navegación. Algunos ejemplos de sonidos de baja frecuencia incluyen los "cantos" de las ballenas jorobadas y los golpes de cola de las ballenas azules.

Sonidos de Alta Frecuencia

Los sonidos de alta frecuencia son producidos por las ballenas a través de la vibración de estructuras nasales, como los conductos nasales o los senos nasales. Estos sonidos son utilizados para la comunicación a corta distancia y para la ecolocalización, que permite a las ballenas detectar la presencia de objetos y presas en su entorno acuático.

Funciones de las Vocalizaciones de las Ballenas

Las vocalizaciones de las ballenas pueden tener una variedad de funciones, desde la comunicación social hasta la navegación y la búsqueda de alimento. Algunas de las funciones más comunes de las vocalizaciones de las ballenas incluyen:

Comunicación social: las ballenas utilizan vocalizaciones para comunicarse entre sí, para establecer territorios de apareamiento y para atraer a las hembras durante la temporada de apareamiento.

Navegación: las ballenas utilizan sonidos de baja frecuencia para navegar en su entorno acuático, para encontrar comida y para evitar peligros.

Ecolocalización: las ballenas utilizan sonidos de alta frecuencia para detectar la presencia de objetos y presas en su entorno acuático, lo que les permite encontrar alimento y evitar depredadores.

Importancia de las Vocalizaciones de las Ballenas

La capacidad de las ballenas para producir y percibir sonidos es esencial para su supervivencia y éxito en el entorno acuático. Las vocalizaciones de las ballenas les permiten comunicarse entre sí, navegar en su entorno y encontrar alimento.

Además, las vocalizaciones de las ballenas son un aspecto fascinante del comportamiento y biología de estas criaturas majestuosas, y su estudio es importante para comprender mejor su comportamiento y proteger a estas especies en peligro de la interferencia humana.

En conclusión, el lenguaje de las ballenas es un tema fascinante y complejo que involucra una variedad de vocalizaciones y funciones. Las ballenas utilizan estas señales acústicas para comunicarse, navegar y encontrar alimento en su entorno acuático, y su estudio es importante para comprender mejor estas criaturas majestuosas y protegerlas.

Los Cantos de los Pájaros: Un Universo de Melodías y Mensajes

Los pájaros son conocidos por su capacidad para producir melodías complejas y variadas, que utilizan para comunicarse entre sí y establecer territorios de apareamiento.

En este artículo, exploramos el mundo de los cantos de los pájaros y cómo utilizan estas señales acústicas para interactuar con su entorno y otros miembros de su especie.

Tipos de Cantos de los Pájaros

Los cantos de los pájaros pueden ser divididos en dos categorías principales: los cantos de apareamiento, producidos por los machos para atraer a las hembras durante la temporada de apareamiento, y los cantos de alarma, utilizados para alertar a otros miembros de la especie sobre la presencia de depredadores o peligros.

Cantos de Apareamiento

Los cantos de apareamiento son melodías complejas y variadas, que se utilizan para atraer a las hembras durante la temporada de apareamiento. Algunos ejemplos de cantos de apareamiento incluyen los trinos de los canarios y los gorjeos de los ruiseñores.

Los cantos de apareamiento son un componente esencial en el comportamiento reproductivo de muchas especies animales, especialmente en las aves. Estas melodías no solo son complejas y variadas, sino que también están cargadas de significado evolutivo y social.

Sirven principalmente para atraer a las hembras y demostrar la aptitud del macho, ya que un canto más complejo y elaborado puede indicar un mejor estado físico y genético.

Ejemplos de Cantos de Apareamiento

Canarios: Los canarios son conocidos por sus trinos melodiosos y variados. Cada macho desarrolla su propio repertorio, que puede cambiar y mejorar a lo largo de su vida.

Los trinos involucran secuencias de notas rápidas y fluyen en patrones que son atractivos para las hembras. Durante la temporada de apareamiento, los machos cantan más frecuentemente y con mayor intensidad para atraer a una pareja.

Ruiseñores: Los ruiseñores son famosos por sus complejos gorjeos nocturnos. Un solo macho puede emitir hasta 250 variaciones diferentes de canto. Estos cantos son especialmente importantes durante la noche, cuando los sonidos se destacan más claramente contra el silencio.

La habilidad de un ruiseñor para variar su canto y mantenerlo durante largos periodos es un indicativo clave de su vitalidad y atractivo sexual.

Funciones del Canto de Apareamiento

Atracción de Parejas: El propósito primordial del canto es atraer a las hembras. Un macho que canta con más frecuencia y con mayor complejidad suele tener mejores probabilidades de ser seleccionado por una hembra para reproducirse.

Delimitación de Territorio: Además de atraer hembras, los cantos también pueden servir para advertir a otros machos de la presencia del cantante, estableciendo límites territoriales que otros deberían evitar.

Demostración de Salud y Vitalidad:

Los cantos no solo necesitan ser complejos, sino también vigorosos y enérgicos, reflejando la salud general del macho. Una voz fuerte y clara puede ser un indicativo de un buen sistema respiratorio y buena salud en general.

En resumen, los cantos de apareamiento no son meramente bellos fenómenos naturales, sino comportamientos evolucionados críticos para la reproducción y supervivencia de muchas especies, reflejando la competencia y el estado físico del individuo en el contexto de la selección natural.

Cantos de Alarma

Los cantos de alarma son sonidos agudos y estridentes, utilizados por los pájaros para alertar a otros miembros de la especie sobre la presencia de depredadores o peligros. Estos sonidos pueden variar según la especie de pájaro y el tipo de peligro que se esté presentando.

Funciones de los Cantos de los Pájaros

Los cantos de los pájaros pueden tener una variedad de funciones, desde la comunicación social hasta la defensa del territorio. Algunas de las funciones más comunes de los cantos de los pájaros incluyen:

Comunicación social: los pájaros utilizan cantos para comunicarse entre sí, para establecer territorios de apareamiento y para atraer a las hembras durante la temporada de apareamiento.

Defensa del territorio: los cantos de los pájaros pueden ser utilizados para establecer y defender el territorio de apareamiento de un macho.

Identificación de la especie: los cantos de los pájaros pueden ser utilizados para identificar la especie de pájaro y para distinguirla de otras especies similares.

Importancia de los Cantos de los Pájaros

La capacidad de los pájaros para producir y percibir sonidos es esencial para su supervivencia y éxito en el entorno natural. Los cantos de los pájaros les permiten comunicarse entre sí, establecer territorios de apareamiento y encontrar alimento.

Además, los cantos de los pájaros son un aspecto fascinante del comportamiento y biología de estas criaturas, y su estudio es importante para comprender mejor su comportamiento y proteger a estas especies en peligro de la interferencia humana.

Los cantos de los pájaros son un universo de melodías y mensajes complejos que involucran una variedad de funciones y significados.

Los pájaros utilizan estas señales acústicas para comunicarse, establecer territorios y atraer a las hembras durante la temporada de apareamiento. El estudio de los cantos de los pájaros es esencial para comprender mejor estas criaturas majestuosas.

La Importancia de las Señales Acústicas en la Comunicación de los Pájaros

Los pájaros son animales muy conocidos por su capacidad para producir una gran variedad de señales acústicas, desde cantos complejos hasta llamados de alarma. En este artículo, exploraremos la importancia de las señales acústicas en la comunicación de los pájaros, específicamente en cuanto a la comunicación durante la temporada de apareamiento.

La Comunicación Durante la Temporada de Apareamiento

Durante la temporada de apareamiento, los pájaros necesitan comunicarse con otros miembros de su especie para encontrar una pareja y establecer un territorio de apareamiento. Las señales acústicas son una herramienta importante para la comunicación durante esta época del año, y se utilizan para tres propósitos principales:

1. Comunicación entre Machos

Los machos utilizan señales acústicas para comunicarse entre sí y establecer territorios de apareamiento. Algunos machos pueden incluso utilizar señales de llamado específicas para atraer a las hembras a su territorio. Los cantos de los pájaros pueden variar según la especie, y algunos pájaros pueden producir cantos complejos y melódicos para atraer a las hembras.

2. Atracción de Hembras

Los cantos complejos y melodiosos producidos por los machos pueden ser una forma importante de atraer a las hembras durante la temporada de apareamiento. Algunas hembras pueden incluso utilizar el canto de un macho para identificar su especie y su calidad como pareja reproductiva.

3. Comunicación entre Parejas

Después de que se ha formado una pareja, los pájaros pueden utilizar señales acústicas para comunicarse entre sí y defender su territorio de apareamiento. Algunos pájaros también pueden utilizar señales acústicas para comunicar la presencia de peligros, como depredadores, a su pareja.

La Variedad de Señales Acústicas en los Pájaros

Los pájaros son conocidos por su capacidad para producir una gran variedad de señales acústicas, desde cantos complejos hasta llamados de alarma. Estas señales pueden variar según la especie, el sexo y el propósito de la comunicación. Algunos ejemplos de señales acústicas en los pájaros incluyen:

Cantos de apareamiento: producidos por los machos para atraer a las hembras durante la temporada de apareamiento.

Llamados de alarma: utilizados para alertar a otros miembros de la especie sobre la presencia de depredadores o peligros.

Llamados de contacto: utilizados por los pájaros para mantenerse en contacto con otros miembros de su grupo.

Cantos de defensa territorial: utilizados por los machos para defender su territorio de apareamiento de otros machos.

La Importancia de las Señales Acústicas en la Ecología de los Pájaros

Las señales acústicas son esenciales para la comunicación de los pájaros, tanto durante la temporada de apareamiento como en su vida cotidiana.

Los cantos y llamados de los pájaros les permiten comunicarse entre sí, encontrar comida y protegerse de depredadores.

La comunicación en los primates: desde los gorilas hasta los monos tití

Los primates son animales muy inteligentes que se caracterizan por su capacidad para comunicarse. A continuación, exploramos algunos ejemplos de comunicación en los primates, desde los gorilas hasta los monos tití.

Gorilas

Los gorilas son los primates más grandes y fuertes que existen, pero también son muy inteligentes y tienen una compleja vida social. Los gorilas utilizan una amplia gama de vocalizaciones y gestos para comunicarse entre sí, como:

Gruñidos y gemidos: estos sonidos se utilizan para expresar malestar o amenaza.

Gritos y aullidos: se utilizan para llamar la atención de otros gorilas y para comunicar información importante, como la ubicación de alimentos o la presencia de depredadores.

Posturas y gestos: los gorilas utilizan posturas y gestos para comunicar su estado emocional y su intención. Por ejemplo, un gorila puede mostrar su dominancia con una postura erguida y una mirada fija, mientras que una postura encorvada y una expresión facial suave pueden indicar sumisión.

Chimpancés

Los chimpancés son primates muy sociales que viven en grupos grandes y complejos. Los chimpancés utilizan una amplia gama de vocalizaciones y gestos para comunicarse, incluyendo:

Gritos y gemidos: como los gorilas, los chimpancés utilizan estos sonidos para expresar malestar o amenaza.

Chillidos: se utilizan para indicar peligro o para llamar la atención de otros chimpancés.

Llamados de atención: los chimpancés utilizan sonidos específicos para llamar la atención de otros miembros del grupo y para comunicar información importante, como la ubicación de alimentos o la presencia de depredadores.

Gestos: los chimpancés utilizan gestos para comunicar su estado emocional y su intención, como mostrar los dientes para indicar agresividad o abrazarse para mostrar afecto.

Monos capuchinos

Los monos capuchinos son primates muy inteligentes que viven en grupos grandes y organizados. Los monos capuchinos utilizan una amplia gama de vocalizaciones y gestos para comunicarse, incluyendo:

Sonidos agudos: los monos capuchinos utilizan sonidos agudos para indicar peligro o para llamar la atención de otros miembros del grupo.

Gestos: los monos capuchinos utilizan gestos para comunicar su estado emocional y su intención. Por ejemplo, un mono capuchino puede mostrar su sumisión acicalando a otro mono o mostrando su trasero.

Ritual de la comida: los monos capuchinos tienen un ritual complejo de la comida que implica una serie de gestos y vocalizaciones específicos para comunicar información sobre el alimento y la jerarquía social del grupo.

Monos tití

Los monos tití son primates muy pequeños que viven en grupos familiares pequeños y unidos. Los monos tití utilizan una amplia gama de vocalizaciones y gestos para comunicarse, incluyendo:

Silbidos y chirridos: los monos tití utilizan sonidos agudos para comunicar su presencia y alertar a otros miembros del grupo sobre la presencia de depredadores.

Llamados de atención: los monos tití utilizan sonidos específicos para llamar la atención de otros miembros del grupo y para comunicar información importante, como la ubicación de alimentos o la necesidad de ayuda.

Posturas y gestos: los monos tití utilizan posturas y gestos para comunicar su estado emocional y su intención, como arquear la espalda para mostrar agresividad o abrazar a otros miembros del grupo para mostrar afecto.

Así que, los primates tienen una compleja comunicación que se desarrolla a través de una amplia variedad de vocalizaciones, gestos y posturas.

Esta capacidad de comunicarse es fundamental para la supervivencia y el éxito de los grupos de primates en su entorno natural, y nos ofrece una fascinante ventana a la comprensión de la inteligencia y el comportamiento animal.

Capítulo 4
Lenguaje Corporal en los Animales

Los perros son animales muy sociables y comunicativos que utilizan una amplia variedad de lenguaje corporal para comunicarse con otros perros y con los humanos. Comprender el lenguaje corporal de los perros es fundamental para tener una buena relación con ellos y evitar situaciones de estrés o peligro. A continuación, exploraremos algunos ejemplos de lenguaje corporal en los perros.

El lenguaje corporal es una forma fundamental de comunicación en los animales. A través de posturas, gestos y movimientos, los animales transmiten información sobre su estado emocional, su intención y su posición en la jerarquía social. A continuación, exploraremos algunos ejemplos de lenguaje corporal en diferentes animales.

El Lenguaje Corporal en los Perros

Los perros son animales muy sociales y comunicativos que utilizan una amplia variedad de lenguaje corporal para comunicarse. Algunos ejemplos incluyen:

Postura de la cola

La posición y el movimiento de la cola son una forma fundamental de comunicación en los perros. Algunos ejemplos de lenguaje corporal relacionado con la cola incluyen:

El movimiento de la cola puede indicar el estado emocional del perro. Por ejemplo, una cola baja y entre las patas indica sumisión o miedo, mientras que una cola alta y moviéndose rápidamente indica excitación o felicidad.

Cola en alto y moviéndose rápidamente:

Este es un signo de excitación y felicidad. Los perros pueden mover la cola así cuando ven a su dueño o cuando están jugando.

Cola en alto y rígida: este es un signo de alerta o agresividad. Los perros pueden poner su cola en alto y rígida cuando perciben una amenaza o cuando están defendiendo su territorio.

Postura corporal: los perros utilizan su postura corporal para comunicar su intención y su posición en la jerarquía social. Por ejemplo, un perro dominante puede ponerse de pie y mantener su cabeza alta, mientras que un perro sumiso puede agacharse y bajar la cabeza.

Expresión facial: los perros también utilizan su expresión facial para comunicar su estado emocional. Por ejemplo, un perro que muestra los dientes puede indicar agresividad, mientras que un perro que mueve los labios hacia arriba puede indicar sumisión o felicidad.

Postura corporal

La postura corporal es otra forma importante de lenguaje corporal en los perros. Algunos ejemplos incluyen:

Postura erguida y cabeza alta: esta postura indica dominancia y puede ser utilizada por perros que están tratando de establecer su posición en la jerarquía social.

Postura encorvada y cabeza baja: esta postura indica sumisión y puede ser utilizada por perros que quieren evitar conflictos con otros perros o con los humanos.

Postura de juego: los perros que quieren jugar pueden adoptar una postura específica, con las patas delanteras en el suelo y las patas traseras levantadas, o pueden correr en círculos alrededor de otro perro o persona.

Expresión facial

La expresión facial es otra forma importante de lenguaje corporal en los perros. Algunos ejemplos incluyen:

Labios relajados y lengua afuera: esta expresión indica felicidad y relajación. Los perros pueden adoptar esta expresión cuando están contentos o relajados.

Mostrar los dientes: esta expresión indica agresividad y puede ser utilizada por perros que se sienten amenazados o que están tratando de proteger su territorio.

Mirada fija y orejas hacia adelante: esta expresión indica atención y curiosidad. Los perros pueden adoptar esta expresión cuando ven algo que les llama la atención o cuando están tratando de entender una situación nueva.

El lenguaje corporal es una forma fundamental de comunicación en los perros. A través de la posición de la cola, la postura corporal y la expresión facial, los perros transmiten información sobre su estado emocional, su intención y su posición en la jerarquía social.

Comprender el lenguaje corporal de los perros nos permite tener una mejor relación con ellos y nos ayuda a entender su comportamiento y necesidades.

El Lenguaje Corporal en los Gatos

Los gatos son animales muy expresivos que utilizan una amplia variedad de lenguaje corporal para comunicarse con otros gatos y con los humanos.

Comprender el lenguaje corporal de los gatos es fundamental para tener una buena relación con ellos y evitar situaciones de estrés o peligro. A continuación, exploraremos algunos ejemplos de lenguaje corporal en los gatos.

Posición de las orejas

La posición de las orejas es una forma fundamental de comunicación en los gatos. Algunos ejemplos de lenguaje corporal relacionado con las orejas incluyen:

Orejas hacia adelante: esta posición indica atención y curiosidad. Los gatos pueden adoptar esta posición cuando ven algo que les llama la atención o cuando están tratando de entender una situación nueva.

Orejas hacia atrás: esta posición indica miedo o agresividad. Los gatos pueden poner sus orejas hacia atrás cuando se sienten amenazados o cuando están tratando de proteger su territorio.

Orejas hacia los lados: esta posición indica relajación o sumisión.

Los gatos pueden adoptar esta posición cuando están cómodos o cuando quieren evitar conflictos con otros gatos o con los humanos.

Postura corporal

La postura corporal es otra forma importante de lenguaje corporal en los gatos. Algunos ejemplos incluyen:

Postura erguida y arqueada: esta postura indica agresividad y puede ser utilizada por gatos que están tratando de defender su territorio o establecer su posición en la jerarquía social.

Postura encorvada y cabeza baja: esta postura indica sumisión o miedo. Los gatos pueden adoptar esta postura cuando quieren evitar conflictos con otros gatos o con los humanos.

Postura de juego: los gatos que quieren jugar pueden adoptar una postura específica, con las patas delanteras en el suelo y las patas traseras levantadas, o pueden saltar y correr en círculos alrededor de otro gato o persona.

Expresión facial

La expresión facial es otra forma importante de lenguaje corporal en los gatos. Algunos ejemplos incluyen:

Rozamiento: los gatos utilizan el rozamiento para marcar su territorio y comunicar su presencia a otros gatos y humanos.

Ojos entrecerrados: esta expresión indica relajación y comodidad. Los gatos pueden adoptar esta expresión cuando están contentos o relajados.

Ojos abiertos y mirada fija: esta expresión indica atención y curiosidad. Los gatos pueden adoptar esta expresión cuando ven algo que les llama la atención o cuando están tratando de entender una situación nueva.

Mostrar los dientes o bufar: esta expresión indica agresividad y puede ser utilizada por gatos que se sienten amenazados o que están tratando de proteger su territorio.

Entonces, el lenguaje corporal es una forma fundamental de comunicación en los gatos. A través de la posición de las orejas, la postura corporal y la expresión facial, los gatos transmiten información sobre su estado emocional, su intención y su posición en la jerarquía social.

Comprender el lenguaje corporal de los gatos nos permite tener una mejor relación con ellos y nos ayuda a entender su comportamiento y necesidades.

LAS AVES

Las aves son animales muy expresivos que utilizan una amplia variedad de lenguaje corporal para comunicarse con otros miembros de su especie. Algunos ejemplos incluyen:

Movimiento de la cabeza: las aves utilizan el movimiento de la cabeza para comunicar su estado emocional y su intención. Por ejemplo, un pájaro que mueve la cabeza hacia arriba y hacia abajo puede indicar sumisión o interés, mientras que un pájaro que mueve la cabeza de lado a lado puede indicar agresividad o advertencia.

Postura corporal: las aves utilizan su postura corporal para comunicar su estado emocional y su intención.

Por ejemplo, un pájaro que se eriza y extiende las alas puede indicar agresividad o advertencia, mientras que un pájaro que se agacha y se acurruca puede indicar sumisión o miedo.

Canto: las aves utilizan el canto para comunicarse con otros miembros de su especie y para marcar su territorio. Cada especie de ave tiene un canto único que le permite identificarse y comunicarse con otros miembros de su especie.

Los Caballos

Los caballos son animales muy sociales que utilizan una amplia variedad de lenguaje corporal para comunicarse con otros miembros de su especie y con los humanos. Algunos ejemplos de lenguaje corporal en los caballos incluyen:

Orejas: la posición de las orejas puede indicar el estado emocional del caballo. Por ejemplo, las orejas hacia adelante indican atención o interés, mientras que las orejas hacia atrás pueden indicar miedo o agresividad.

Postura corporal: los caballos utilizan su postura corporal para comunicar su intención y su estado emocional. Por ejemplo, un caballo que se yergue y levanta la cabeza puede indicar dominancia, mientras que un caballo que se agacha y baja la cabeza puede indicar sumisión o miedo.

Movimientos corporales: los caballos utilizan sus movimientos corporales para comunicar su estado emocional y su intención. Por ejemplo, un caballo que patea o sacude la cola puede indicar agresividad o irritación, mientras que un caballo que se frota la cabeza contra un objeto puede indicar comodidad o relajación.

En general, el lenguaje corporal es una forma fundamental de comunicación en los animales. A través de posturas, gestos y movimientos, los animales transmiten información sobre su estado emocional, su intención y su posición en la jerarquía social.

Comprender el lenguaje corporal de los animales nos permite tener una mejor relación con ellos y nos ayuda a entender su comportamiento y necesidades.

El baile de las abejas: una danza que habla

Las abejas son uno de los animales más fascinantes del reino animal. Además de producir miel, cera y otros productos valiosos, estas pequeñas criaturas son capaces de comunicarse entre sí de una manera muy especial: a través de su baile.

¿Cómo funciona el baile de las abejas?

Cuando una abeja encuentra una fuente de alimento, vuelve a su colmena y comienza a realizar una serie de movimientos que les indican a sus compañeras dónde se encuentra la comida y qué tan lejos está.

La abeja comienza por realizar una especie de "danza circular", caminando en círculos mientras agita sus alas y su cuerpo. Esta danza indica que la comida está a poca distancia de la colmena, a unos 50 metros aproximadamente.

Si la comida está más lejos, la abeja realizará una "danza en ocho", que consiste en hacer una serie de círculos y giros en forma de 8. Esta danza indica que la fuente de alimento está a más de 50 metros de distancia.

Además, la abeja también indica la dirección en la que se encuentra la comida en relación con la posición del sol. Si la abeja baila hacia arriba en relación con el panal, significa que la comida se encuentra en dirección al sol. Si baila hacia abajo, significa que la comida se encuentra en dirección opuesta al sol.

¿Cómo interpretan las demás abejas el baile?

Las demás abejas de la colmena son capaces de interpretar el baile de la abeja y determinar la ubicación de la fuente de alimento. Para ello, utilizan su capacidad de detectar los campos magnéticos terrestres y el ángulo de la luz solar.

El baile de las abejas es una forma muy sofisticada de comunicación que les permite a estas criaturas trabajar en equipo para encontrar alimento y mantener su colmena. Además, es un ejemplo fascinante de la complejidad y la maravilla de la naturaleza.

Comportamiento de las abejas reinas

Las abejas reinas son las responsables de mantener la colonia de abejas en funcionamiento. Son las únicas abejas capaces de poner huevos y, por lo tanto, son cruciales para la supervivencia de la colmena. A continuación, se describen algunos aspectos interesantes del comportamiento de las abejas reinas.

Elección de la reina

Cuando una colmena se queda sin reina, las abejas obreras seleccionan a una larva para que se convierta en una nueva reina. Las abejas obreras alimentan a la larva con una dieta especial y la colocan en una celda especial llamada "celda real".

El proceso de elección de una nueva reina en una colmena es un ejemplo fascinante de la organización social y la toma de decisiones colectivas en las abejas.

Cuando una colmena se queda sin reina, ya sea debido a la muerte natural, enfermedad o enjambrazón (cuando la reina antigua abandona la colmena con un grupo de abejas para formar una nueva colonia), las abejas obreras deben actuar rápidamente para asegurar la supervivencia de la colmena.

Selección de la Larva

Las abejas obreras seleccionan varias larvas jóvenes, las cuales tienen menos de tres días de nacidas. Esta elección temprana es crucial porque solo las larvas de esta edad son lo suficientemente jóvenes para desarrollarse como reinas.

La primera larva en nacer será la nueva reina, y eliminará a las otras larvas que aún no han nacido. Si dos reinas nacen al mismo tiempo, lucharán a muerte para determinar quién será la reina de la colmena.

Dieta Especial: Jalea Real

La larva elegida para convertirse en reina es alimentada exclusivamente con jalea real, una sustancia rica en proteínas que las abejas obreras producen a través de glándulas especiales en sus cabezas.

La jalea real tiene propiedades que permiten que la larva se desarrolle en una reina, en lugar de una obrera. Este alimento no solo influye en el desarrollo físico de la larva, incrementando su tamaño y maduración reproductiva, sino también en su longevidad.

La Celda Real

Una vez seleccionada, la larva es trasladada a una celda real, que es más grande que las celdas comunes de la colmena. Estas celdas son construidas verticalmente y tienen una forma de cono.

La construcción de una celda real es un indicativo claro de que la colmena está en proceso de criar una nueva reina.

Consecuencías para la Colmena

La emergencia de una nueva reina es un momento crítico para la colmena. Una vez que la nueva reina emerge, ella comenzará a matar a cualquier otra reina potencial que pueda haber en desarrollo, asegurando su posición dominante dentro de la colonia.

Posteriormente, realizará su vuelo nupcial para aparearse con varios zánganos, y luego regresará a la colmena para comenzar su ciclo de puesta de huevos, que durará toda su vida.

Este complejo proceso demuestra la increíble capacidad de las abejas para coordinar tareas y tomar decisiones que aseguran la continuación y el bienestar de su colonia.

Comunicación con las obreras

Las abejas reinas utilizan feromonas para comunicarse con las abejas obreras de la colmena. Estas feromonas indican a las obreras que la reina está presente y que la colmena está en buen estado.

Las feromonas también sirven para inhibir el desarrollo de las células reales de las larvas. Si una reina detecta que hay larvas que están siendo alimentadas para convertirse en nuevas reinas, liberará una feromona para que las abejas obreras dejen de alimentarlas.

Puesta de huevos

La abeja reina es la única abeja en la colmena capaz de poner huevos. Puede poner hasta 2.000 huevos al día y puede vivir hasta 5 años.

La abeja reina determina el sexo de los huevos que pone. Si pone un huevo no fertilizado, nacerá una abeja obrera hembra. Si pone un huevo fertilizado, nacerá una abeja obrera macho o una nueva reina, dependiendo de la cantidad de alimento que reciba la larva.

Las Abejas

Las abejas utilizan campos eléctricos para comunicarse entre sí y para encontrar flores. Las abejas pueden detectar campos eléctricos en las flores y utilizan esta información para identificar las flores que tienen néctar y polen.

Ciclo de vida

La abeja reina tiene un ciclo de vida distinto al de las abejas obreras. Mientras que una abeja obrera vive entre 4 y 6 semanas, una abeja reina puede vivir hasta 5 años.

Además, la abeja reina es la única abeja capaz de aparearse. Durante un vuelo de apareamiento, la reina se apareará con varios zánganos. Después de esto, la reina regresará a la colmena y nunca volverá a aparearse.

Las abejas reinas son una parte crucial del funcionamiento de una colmena de abejas. Desde su elección hasta su ciclo de vida y su comunicación con las obreras, las abejas reinas son un ejemplo fascinante de la complejidad del mundo de las abejas.

La postura y las señales corporales en los animales sociales

Los animales sociales, como las abejas, hormigas y lobos, viven en grupos y se comunican entre sí de diversas maneras. Una forma importante de comunicación en estos animales es a través de la postura y las señales corporales. A continuación, se describen algunos ejemplos de cómo los animales sociales utilizan su cuerpo para comunicarse.

Hormigas

Las hormigas son famosas por su capacidad para trabajar en equipo y comunicarse entre sí. Una forma en que lo hacen es a través de la postura de su cuerpo y las señales químicas.

Las hormigas obreras utilizan su cuerpo para formar puentes y hacer puentes vivos para cruzar obstáculos.

Las hormigas emisoras de feromonas utilizan su cuerpo para dejar un rastro que guía a otras hormigas hacia fuentes de alimento.

La postura y las señales corporales en los animales sociales

Los animales sociales, aquellos que viven en grupos y tienen una jerarquía establecida, utilizan la comunicación no verbal para interactuar con otros miembros de su grupo.

La postura y las señales corporales son una parte importante de esta comunicación y pueden transmitir información sobre el estado emocional, la intención y el estatus dentro del grupo.

La postura y la comunicación animal

La postura es una forma de comunicación no verbal en la que el animal utiliza su cuerpo para expresar su estado emocional o intención. Por ejemplo, cuando un perro se acurruca y se encoge, puede indicar que se siente inseguro o asustado. Por otro lado, cuando un perro se para alto y estira el cuerpo, puede indicar que se siente confiado y dominante.

La postura también puede ser utilizada para mostrar sumisión o para establecer la jerarquía dentro del grupo. Por ejemplo, los animales dominantes pueden adoptar una postura erguida y abierta, mientras que los animales sumisos pueden adoptar una postura encogida y cerrada.

Las señales corporales y la comunicación animal

Las señales corporales son otro tipo de comunicación no verbal utilizada por los animales sociales. Estas señales pueden incluir gestos, expresiones faciales y movimientos corporales.

Por ejemplo, cuando un chimpancé muestra sus dientes y se encoge de hombros, puede indicar que está intimidando a otro miembro del grupo.

Las señales corporales también pueden utilizarse para indicar la intención. Por ejemplo, cuando un gato agita la cola, puede indicar que está listo para atacar. Por otro lado, cuando un perro mueve la cola de lado a lado, puede indicar que está contento y relajado.

La importancia de la comunicación no verbal en los animales sociales

La comunicación no verbal es importante en los animales sociales porque les permite interactuar y cooperar de manera efectiva dentro del grupo. Las posturas y las señales corporales pueden ayudar a establecer la jerarquía y evitar conflictos innecesarios.

Además, la comunicación no verbal también puede ser utilizada para la selección de pareja y la atracción sexual. Algunas especies de aves, por ejemplo, utilizan exhibiciones de cortejo que incluyen posturas y señales corporales para atraer a una pareja.

La postura y las señales corporales son importantes en la comunicación animal. Estas formas de comunicación no verbal permiten a los animales sociales interactuar y cooperar de manera efectiva dentro del grupo, establecer la jerarquía y evitar conflictos innecesarios.

La comunicación en los grandes felinos: desde los rugidos de los leones hasta el lenguaje corporal de los tigres

Los grandes felinos son animales fascinantes y majestuosos, y su capacidad para comunicarse entre ellos es una parte integral de su vida en sociedad.

Desde los rugidos poderosos de los leones hasta el lenguaje corporal sutil de los tigres, los grandes felinos tienen una variedad de formas de comunicación que les permiten interactuar con éxito con otros miembros de su especie.

La comunicación de los leones

Los leones son famosos por sus rugidos poderosos y profundos, que se pueden escuchar a kilómetros de distancia. Aunque estos rugidos son impresionantes, también son una forma de comunicación importante para los leones. Los rugidos de los leones son utilizados para una variedad de propósitos, desde establecer territorios hasta comunicar la ubicación de la manada.

Los rugidos de los leones

Los rugidos de los leones son una de las formas más reconocidas de comunicación animal. Estos rugidos pueden ser escuchados a larga distancia y son una señal de que los leones están presentes en el área.

Además de ser una forma de comunicación territorial, los rugidos también se utilizan para mantener el contacto dentro de la manada y para encontrar a otros miembros del grupo.

Los machos de la manada suelen ser los responsables de los rugidos más fuertes y profundos, que se utilizan para establecer y defender el territorio. Las hembras y los cachorros también pueden rugir, pero sus vocalizaciones son más agudas y menos potentes.

Además de los rugidos, los leones también utilizan una variedad de vocalizaciones, incluyendo gruñidos, maullidos y gemidos. Estas vocalizaciones pueden ser utilizadas para comunicar diferentes emociones, como la agresión, el miedo o la alegría.

La comunicación de los leones: desde los rugidos hasta las señales visuales

Los leones son animales sociales que viven en grupos llamados manadas, donde la comunicación es esencial para la supervivencia del grupo. A continuación, exploraremos en detalle cómo se comunican los leones y cómo utilizan diferentes señales para transmitir información importante.

Otras vocalizaciones de los leones

Además de los rugidos, los leones también utilizan una variedad de otras vocalizaciones para comunicarse. Algunas de las vocalizaciones más comunes incluyen:

- Gruñidos: utilizados para mostrar agresión o descontento.
- Maullidos: utilizados para llamar la atención o pedir comida.
- Gemidos: utilizados para expresar dolor o incomodidad.

Señales visuales de los leones

Además de las vocalizaciones, los leones también utilizan señales visuales para comunicarse. Algunas de las señales visuales más comunes incluyen:

Contacto visual: los leones utilizan el contacto visual para comunicar su posición y para indicar el nivel de amenaza que representan.

Posición de la cabeza: la posición de la cabeza puede indicar la actitud del león, como la agresión o la sumisión.

Postura corporal: los leones pueden mostrar su estado de ánimo a través de su postura corporal, como la posición de las orejas, la cola y las patas.

Comunicación olfativa de los leones

Además de las vocalizaciones y las señales visuales, los leones también utilizan su sentido del olfato para comunicarse. Los leones tienen glándulas odoríferas en las patas, la cara y el ano que se utilizan para marcar territorio y comunicar información importante a otros miembros de la manada.

Los leones utilizan una variedad de formas de comunicación para transmitir información importante a otros miembros de la manada. Desde los rugidos poderosos hasta las señales visuales sutiles, cada forma de comunicación es esencial para la supervivencia y el éxito del grupo.

La comunicación de los tigres

Los tigres son animales más solitarios que los leones, y su lenguaje corporal es una parte importante de su comunicación. Los tigres pueden comunicar una gran cantidad de información a través de su lenguaje corporal, incluyendo su estado de ánimo, sus intenciones y su nivel de confianza.

Los tigres pueden utilizar una variedad de posturas y gestos para comunicarse, como el arqueo de la espalda y el gruñido para mostrar agresión, o el movimiento suave de la cola y el ronroneo para mostrar calma y felicidad.

Los tigres también pueden utilizar sus orejas y su hocico para comunicarse, levantando las orejas cuando están alerta y frunciendo el hocico cuando están enojados.

La comunicación de los leopardos

Los leopardos son animales solitarios y territoriales, y su comunicación se basa en gran medida en su olfato. Los leopardos marcan su territorio con orina y excrementos, y utilizan estas marcas para comunicarse con otros leopardos. Los leopardos también pueden comunicarse a través de vocalizaciones, como gruñidos y rugidos, así como a través de su lenguaje corporal.

La comunicación de los jaguares

Los jaguares son animales solitarios y territoriales, y su comunicación se basa en gran medida en su lenguaje corporal. Los jaguares pueden comunicar una gran cantidad de información a través de su postura corporal, incluyendo su estado de ánimo y sus intenciones.

Los jaguares también pueden utilizar vocalizaciones, como gruñidos y rugidos, para comunicarse.

Los grandes felinos tienen una variedad de formas de comunicación, desde los rugidos de los leones hasta el lenguaje corporal de los tigres. Cada especie tiene su propio sistema de comunicación único, y entender estos sistemas puede ayudarnos a apreciar la complejidad y la belleza de estas criaturas magníficas.

Capítulo 5: Comunicación eléctrica de algunos animales

Cómo los seres vivos utilizan la electricidad para comunicarse

Mientras que la mayoría de los animales utilizan vocalizaciones, señales visuales y olores para comunicarse, algunos animales han desarrollado formas únicas de comunicación a través de la electricidad. En este artículo, exploraremos algunos de los animales que utilizan la electricidad para comunicarse y cómo lo hacen.

¿Qué es la comunicación eléctrica?

La comunicación eléctrica es un tipo de comunicación animal en el que se utilizan señales eléctricas para transmitir información.

Algunos animales utilizan campos eléctricos para detectar la presencia de presas o depredadores, mientras que otros utilizan descargas eléctricas para comunicarse con otros miembros de su especie.

Comunicación eléctrica de algunos peces: cómo utilizan la electricidad para comunicarse y navegar

Los peces son animales fascinantes que han desarrollado una variedad de formas de comunicación para sobrevivir en su entorno.

Además de las vocalizaciones y las señales visuales, algunos peces también utilizan la electricidad para comunicarse y para navegar en su entorno acuático. A continuación, exploraremos cómo algunos peces utilizan la comunicación eléctrica y cómo esto les permite sobrevivir en el mundo subacuático.

¿Qué es la comunicación eléctrica en los peces?

La comunicación eléctrica en los peces es un tipo de comunicación que utiliza señales eléctricas para transmitir información. Algunos peces utilizan campos eléctricos para detectar la presencia de presas y depredadores, mientras que otros utilizan descargas eléctricas para comunicarse con otros miembros de su especie.

Ejemplos de peces que utilizan la comunicación eléctrica

A continuación, presentamos algunos ejemplos de peces que utilizan la comunicación eléctrica para comunicarse y navegar en su entorno:

Pez torpedo

El pez torpedo es un pez eléctrico que utiliza descargas eléctricas para comunicarse y para detectar la presencia de presas y depredadores. Los machos utilizan descargas eléctricas para atraer a las hembras y para marcar su territorio.

El lenguaje de las anguilas eléctricas: cómo utilizan la electricidad para comunicarse

La anguila eléctrica es otro ejemplo de un pez eléctrico que utiliza descargas eléctricas para comunicarse y para cazar. La anguila puede producir descargas eléctricas de hasta 600 voltios para incapacitar a sus presas y para defenderse de los depredadores.

Las anguilas eléctricas son criaturas fascinantes que han desarrollado una forma única de comunicación a través de la electricidad. A través de las descargas eléctricas, las anguilas eléctricas pueden comunicarse con otros miembros de su especie y detectar la presencia de presas y depredadores.

A continuación, exploraremos en detalle el lenguaje de las anguilas eléctricas y cómo utilizan la electricidad para comunicarse.

¿Cómo se comunican las anguilas eléctricas?

Las anguilas eléctricas utilizan descargas eléctricas para comunicarse con otros miembros de su especie y para detectar la presencia de presas y depredadores. Las anguilas eléctricas tienen órganos eléctricos llamados electorcitos, que producen descargas eléctricas de hasta 600 voltios.

Las descargas eléctricas pueden ser utilizadas para diferentes propósitos de comunicación, como, por ejemplo:

Atraer a las hembras: los machos de las anguilas eléctricas utilizan descargas eléctricas para atraer a las hembras y para mostrar su fuerza y capacidad reproductiva.

Marcar territorios: las anguilas eléctricas también pueden utilizar descargas eléctricas para marcar su territorio y para defenderlo de otros miembros de su especie.

Comunicar emociones: las anguilas eléctricas pueden utilizar diferentes patrones de descarga eléctrica para comunicar diferentes emociones, como el miedo, la agresión o la felicidad.

¿Cómo detectan las anguilas eléctricas a sus presas y depredadores?

Además de la comunicación, las anguilas eléctricas también utilizan la electricidad para detectar la presencia de presas y depredadores. Las anguilas eléctricas pueden producir un campo eléctrico que se extiende a su alrededor, y utilizan este campo eléctrico para detectar objetos en su entorno acuático.

¿Cómo utilizan las anguilas eléctricas la electricidad para navegar?

Además de la comunicación y la detección de presas y depredadores, las anguilas eléctricas también utilizan la electricidad para navegar en su entorno acuático. Las anguilas eléctricas pueden producir un campo eléctrico que les permite detectar objetos en su entorno y evitar colisiones.

Las anguilas eléctricas también pueden utilizar la electricidad para encontrar su camino a través de ríos y arroyos.

Las anguilas eléctricas pueden detectar el campo magnético terrestre a través de sus órganos eléctricos y utilizar esta información para orientarse en su entorno acuático.

3. Pez navaja

El pez navaja utiliza campos eléctricos para navegar en su entorno acuático. Los campos eléctricos producidos por los músculos del pez navaja ayudan al pez a detectar objetos en su entorno y a evitar colisiones.

4. Pez gato eléctrico

El pez gato eléctrico utiliza descargas eléctricas para comunicarse y para detectar la presencia de presas y depredadores. Las descargas eléctricas también pueden utilizarse para establecer territorios y para atraer a las hembras.

5. La comunicación en las rayas y tiburones

Cómo utilizan los campos eléctricos para detectar y comunicarse

Las rayas y tiburones son animales fascinantes que han desarrollado una forma única de comunicación a través de campos eléctricos. A través de estos campos eléctricos, pueden detectar la presencia de presas y depredadores, comunicarse con otros miembros de su especie y navegar en su entorno acuático.

A continuación, exploraremos en detalle la comunicación en las rayas y tiburones y cómo utilizan los campos eléctricos para comunicarse.

¿Cómo se comunican las rayas y tiburones?

Las rayas y tiburones utilizan campos eléctricos para comunicarse con otros miembros de su especie y para detectar la presencia de presas y depredadores. Estos campos eléctricos son producidos por órganos eléctricos llamados ampollas de Lorenzini, que se encuentran en la piel de las rayas y tiburones.

Estos órganos son estructuras especializadas ubicadas en la piel de las rayas y los tiburones, que les permiten detectar diminutas corrientes eléctricas generadas por los músculos y nervios de otros organismos. Esta habilidad les confiere una ventaja evolutiva significativa tanto en la caza como en la interacción social.

Detección de Presas y Depredadores

La sensibilidad de las ampollas de Lorenzini es tal que estos animales pueden percibir las corrientes eléctricas naturales emitidas por los peces y otros animales marinos, incluso cuando están escondidos bajo la arena o entre las rocas.

Esta capacidad es crucial durante la caza, permitiendo a las rayas y a los tiburones localizar presas que no podrían ser detectadas a través de la vista o el olfato debido a la oscuridad del océano o a la turbidez del agua.

Comunicación entre Individuos

Además de su función en la detección de presas y depredadores, se ha sugerido que las ampollas de Lorenzini podrían jugar un papel en la comunicación entre los propios tiburones y rayas.

Aunque este aspecto de su comportamiento no está tan bien entendido, los campos eléctricos podrían ser utilizados para identificar a otros individuos, determinar su posición o estado reproductivo, o incluso establecer jerarquías dentro de grupos.

Aplicaciones en la Navegación

Los campos eléctricos también son útiles para la orientación y navegación. Las rayas y los tiburones pueden detectar las corrientes oceánicas y las variaciones en el campo magnético terrestre, gracias a las ampollas de Lorenzini, lo que les ayuda a orientarse en las vastas y a menudo confusas aguas oceánicas.

En conclusión, las ampollas de Lorenzini son órganos extraordinarios que dotan a las rayas y a los tiburones de una percepción eléctrica sumamente desarrollada.

Esta capacidad les permite no solo ser cazadores eficientes sino también navegar y posiblemente comunicarse en el complejo entorno marino.

Los campos eléctricos pueden ser utilizados para diferentes propósitos de comunicación, como, por ejemplo:

Atraer a las hembras: algunos tiburones utilizan campos eléctricos para atraer a las hembras y para mostrar su fuerza y capacidad reproductiva.

Comunicar emociones: las rayas y tiburones pueden utilizar diferentes patrones de campo eléctrico para comunicar diferentes emociones, como el miedo, la agresión o la felicidad.

Detectar la presencia de presas y depredadores: las rayas y tiburones utilizan los campos eléctricos para detectar la presencia de presas y depredadores en su entorno acuático.

¿Cómo utilizan las rayas y tiburones los campos eléctricos para navegar?

Además de la comunicación y la detección de presas y depredadores, las rayas y tiburones también utilizan los campos eléctricos para navegar en su entorno acuático.

Las rayas y tiburones pueden detectar los campos eléctricos producidos por la actividad eléctrica en su entorno, como las corrientes oceánicas y las corrientes de marea.

Al detectar estos campos eléctricos, las rayas y tiburones pueden utilizarlos para orientarse en su entorno acuático y encontrar su camino a través de las corrientes y mareas.

Las rayas y tiburones utilizan los campos eléctricos de múltiples maneras, desde la comunicación hasta la detección de presas

Las rayas utilizan campos eléctricos para detectar presas y para evitar depredadores. Las rayas tienen órganos eléctricos llamados ampollas de Lorenzini, que les permiten detectar campos eléctricos producidos por otros animales en su entorno.

En resumen, la comunicación eléctrica es una forma fascinante de comunicación en los peces que les permite navegar y comunicarse en su entorno acuático. A través de la electricidad, los peces pueden detectar presas y depredadores, comunicarse con otros miembros de su especie y navegar con éxito en aguas oscuras y turbias.

Ejemplos de animales que utilizan la comunicación eléctrica

A continuación, presentamos algunos ejemplos de animales que utilizan la comunicación eléctrica para comunicarse:

Los Murciélagos

Algunos murciélagos utilizan sonar, un tipo de comunicación que utiliza ondas sonoras para detectar la presencia de objetos y para navegar en la oscuridad. Los murciélagos también pueden utilizar campos eléctricos para detectar objetos y para comunicarse con otros miembros de su especie.

Los Tiburones

Los tiburones tienen sensores eléctricos llamados ampollas de Lorenzini, que les permiten detectar campos eléctricos producidos por otros animales. Los tiburones utilizan estos sensores para encontrar presas y para detectar depredadores.

La comunicación eléctrica es una forma fascinante de comunicación animal que se utiliza en una variedad de especies, desde peces hasta murciélagos y tiburones. Aunque puede ser menos conocida que otras formas de comunicación, la comunicación eléctrica demuestra la capacidad de los animales para adaptarse y utilizar diferentes herramientas para sobrevivir y prosperar en su entorno.

Capítulo 6
Cooperación y Empatía Animal

Ejemplos de comportamiento social en el reino animal

El comportamiento social en el reino animal es un tema fascinante que nos muestra que los animales no son seres egoístas que solo piensan en su propia supervivencia. En realidad, muchos animales tienen una gran capacidad para la cooperación y la empatía, lo que les permite trabajar juntos para sobrevivir en su entorno. A continuación, exploraremos algunos ejemplos de comportamiento social en el reino animal y cómo la cooperación y la empatía son fundamentales para su supervivencia.

¿Qué es la cooperación animal?

La cooperación animal se refiere a la capacidad de los animales para trabajar juntos en grupo para lograr un objetivo común. Esta cooperación puede ser entre individuos de la misma especie o incluso entre especies diferentes.

Ejemplos de cooperación animal:

A continuación, presentamos algunos ejemplos de cooperación animal:

Hormigas: Las hormigas trabajan juntas para construir sus hormigueros y para recolectar alimentos para la colonia. Cada hormiga tiene un papel específico en la colonia y trabajan juntas para lograr el objetivo común de la supervivencia de la colonia.

Delfines: Los delfines trabajan en grupo para cazar y atrapar presas, utilizando técnicas de caza cooperativas para maximizar su eficiencia.

Lobos: Los lobos trabajan juntos para cazar presas grandes y proteger su territorio. Cada lobo tiene un papel específico en la manada y trabajan juntos para lograr el objetivo común de la supervivencia de la manada.

¿Qué es la empatía animal?

La empatía animal se refiere a la capacidad de los animales para sentir y entender las emociones y el dolor de otros animales. La empatía animal es una habilidad importante que les permite a los animales cooperar y trabajar juntos para sobrevivir.

Ejemplos de empatía animal

A continuación, presentamos algunos ejemplos de empatía animal:

Elefantes: Los elefantes son animales muy sociales que tienen una gran capacidad para la empatía. Los elefantes cuidan y protegen a los miembros enfermos o heridos de su manada, y pueden mostrar signos de duelo cuando un miembro de la manada muere.

Primates: Los primates tienen una gran capacidad para la empatía y la compasión. Los primates pueden consolar a otros miembros de su grupo cuando están tristes o heridos, y pueden trabajar juntos para cuidar a los miembros enfermos o heridos del grupo.

Perros: Los perros son animales muy sociales que tienen una gran capacidad para la empatía. Los perros pueden consolar a sus dueños cuando están tristes o estresados, y pueden trabajar juntos para proteger a su manada o grupo social.

La cooperación y la empatía son habilidades importantes en el reino animal que les permiten a los animales trabajar juntos para sobrevivir en su entorno.

Desde las hormigas que trabajan juntas para construir sus hormigueros hasta los elefantes que cuidan y protegen a los miembros enfermos de su manada, el comportamiento social en el reino animal es un testimonio de la importancia de la cooper

El altruismo y la cooperación en los insectos sociales

El altruismo y la cooperación en los insectos sociales: cómo las hormigas y las abejas trabajan juntas para sobrevivir

Los insectos sociales, como las hormigas y las abejas, son conocidos por su impresionante capacidad para la cooperación y el altruismo. A través de la cooperación y el altruismo, las hormigas y las abejas trabajan juntas para sobrevivir en su entorno y construir sociedades complejas. En este artículo, exploraremos cómo funcionan estas sociedades de insectos sociales y cómo la cooperación y el altruismo son fundamentales para su supervivencia.

¿Qué son los insectos sociales?

Los insectos sociales son aquellos que viven en colonias o sociedades organizadas. En las colonias de insectos sociales, hay una división clara del trabajo entre los individuos, y cada uno tiene un papel específico que desempeñar para el bienestar de la colonia. Las

colonias de insectos sociales están organizadas jerár-
quicamente, con una reina o una hembra reproduc-
tora que lidera la colonia.

¿Qué es el altruismo en los insectos sociales?

El altruismo en los insectos sociales se refiere a la capacidad de los individuos de una colonia para poner el
bienestar de la colonia por encima de sus propios in-
tereses individuales. Los individuos en una colonia de
insectos sociales a menudo trabajan juntos en beneficio de la colonia, incluso si eso significa sacrificarse a
sí mismos.

Ejemplos de altruismo y cooperación en los insectos sociales

A continuación, presentamos algunos ejemplos de altruismo y cooperación en los insectos sociales:

Hormigas: En las colonias de hormigas, hay una división clara del trabajo entre los individuos. Algunas
hormigas se encargan de recolectar comida, mientras
que otras se encargan de cuidar a las larvas o de proteger la colonia de los depredadores.

Las hormigas también pueden sacrificar su propia
vida para proteger la colonia.

Abejas: Las abejas trabajan juntas en una jerarquía estricta para recolectar néctar y polen y construir y mantener la colmena. Las abejas también pueden sacrificar su propia vida para proteger la colmena.

Termitas: Las termitas viven en colonias complejas y tienen una división clara del trabajo entre los individuos. Algunas termitas se encargan de recolectar comida, mientras que otras se encargan de cuidar a las larvas o de construir y mantener el nido. Las termitas también pueden sacrificar su propia vida para proteger la colonia.

¿Cómo funciona la cooperación en los insectos sociales?

La cooperación en los insectos sociales es esencial para el funcionamiento de la colonia. Los individuos de la colonia trabajan juntos para recolectar comida, cuidar a las larvas y proteger la colonia de los depredadores.

La cooperación en los insectos sociales también implica una división clara del trabajo entre los individuos, lo que les permite maximizar su eficiencia y trabajar juntos para el bienestar de la colonia.

Los insectos sociales como las hormigas y las abejas son ejemplos impresionantes de cooperación y altruismo en el reino animal

La empatía y la ayuda mutua en los primates

La empatía y la ayuda mutua en los primates: cómo los primates demuestran un alto grado de inteligencia social

Los primates son animales sociales que han desarrollado una capacidad única para la empatía y la ayuda mutua. Los primates muestran un alto grado de inteligencia social, lo que les permite trabajar juntos para sobrevivir en su entorno y construir complejas estructuras sociales. En este artículo, exploraremos cómo la empatía y la ayuda mutua son fundamentales para el comportamiento social en los primates.

¿Qué es la empatía en los primates?

La empatía en los primates se refiere a la capacidad de los primates para sentir y entender las emociones y el dolor de otros primates. La empatía es una habilidad importante que les permite a los primates trabajar juntos y ayudarse mutuamente en situaciones de peligro o estrés.

Ejemplos de empatía en los primates

A continuación, presentamos algunos ejemplos de empatía en los primates:

Chimpancés: Los chimpancés son conocidos por su gran capacidad para la empatía. Los chimpancés pueden consolar a otros chimpancés cuando están tristes o heridos, y pueden trabajar juntos para cuidar a los miembros enfermos o heridos de su grupo.

Orangutanes: Los orangutanes también tienen una gran capacidad para la empatía. Los orangutanes pueden consolar a otros orangutanes cuando están tristes o heridos, y pueden trabajar juntos para cuidar a los miembros enfermos o heridos de su grupo.

Bonobos: Los bonobos son primates altamente sociales que tienen una gran capacidad para la empatía. Los bonobos pueden consolar a otros bonobos cuando están tristes o heridos, y pueden trabajar juntos para cuidar a los miembros enfermos o heridos de su grupo.

¿Qué es la ayuda mutua en los primates?

La ayuda mutua en los primates se refiere a la capacidad de los primates para ayudarse mutuamente en situaciones de peligro o estrés. La ayuda mutua es fundamental para la supervivencia de los primates, ya que les permite trabajar juntos para protegerse y sobrevivir en su entorno.

Ejemplos de ayuda mutua en los primates

A continuación, presentamos algunos ejemplos de ayuda mutua en los primates:

Babuinos: Los babuinos pueden trabajar juntos para protegerse de los depredadores. Si un babuino es atacado por un depredador, los otros babuinos pueden trabajar juntos para ahuyentar al depredador y proteger al babuino herido.

Gorilas: Los gorilas pueden trabajar juntos para proteger a los miembros de su grupo. Si un gorila es atacado por un depredador, los otros gorilas pueden trabajar juntos para ahuyentar al depredador y proteger al gorila herido.

Capuchinos: Los capuchinos pueden trabajar juntos para recolectar alimentos. Los capuchinos pueden trabajar juntos para desenterrar raíces o para encontrar frutas y compartir el alimento que han encontrado.

En resumen, la empatía y la ayuda mutua son habilidades importantes en los primates que les permiten trabajar juntos para sobrevivir en su entorno.

Desde los chimpancés que consuelan a sus congéneres hasta los gorilas que protegen a los miembros de su grupo, el comportamiento social en los primates es un testimonio de la importancia de la empatía y la ayuda mutua en el reino animal.

¿Cómo funciona la inteligencia social en los primates?

La inteligencia social en los primates se refiere a la capacidad de los primates para comprender y responder a los comportamientos y emociones de otros primates. La inteligencia social en los primates es fundamental para el comportamiento social en los primates, ya que les permite comunicarse y cooperar efectivamente entre sí.

Ejemplos de inteligencia social en los primates

A continuación, presentamos algunos ejemplos de inteligencia social en los primates:

Chimpancés: Los chimpancés tienen una gran capacidad para comprender y responder a los comportamientos y emociones de otros chimpancés. Los chimpancés pueden comunicarse de manera efectiva entre sí y pueden trabajar juntos para resolver problemas y enfrentar desafíos.

Orangutanes: Los orangutanes también tienen una gran capacidad para comprender y responder a los comportamientos y emociones de otros orangutanes. Los orangutanes pueden comunicarse de manera efectiva entre sí y pueden trabajar juntos para resolver problemas y enfrentar desafíos.

Bonobos: Los bonobos tienen una gran capacidad para comprender y responder a los comportamientos y emociones de otros bonobos. Los bonobos pueden comunicarse de manera efectiva entre sí y pueden trabajar juntos para resolver problemas y enfrentar desafíos.

En resumen, la empatía, la ayuda mutua y la inteligencia social son habilidades importantes en los primates que les permiten trabajar juntos para sobrevivir en su entorno. Desde los chimpancés que consuelan a sus congéneres hasta los capuchinos que recolectan alimentos juntos, el comportamiento social en los primates es un testimonio de la importancia de la inteligencia social en el reino animal.

La cooperación y el engaño en los mamíferos marinos: cómo las orcas y los delfines trabajan juntos y enga- ñan a sus presas

Los mamíferos marinos son animales sociales que han desarrollado una capacidad única para la cooperación y el engaño. Las orcas y los delfines son algunos de los mamíferos marinos más inteligentes y sociales, y son conocidos por su impresionante capacidad para tra- bajar juntos y engañar a sus presas.

En este artículo, exploraremos cómo la cooperación y el engaño son fundamentales para el comportamiento social en los mamíferos marinos.

¿Qué es la cooperación en los mamífe- ros marinos?

La cooperación en los mamíferos marinos se refiere a la capacidad de los individuos para trabajar juntos en beneficio del grupo. La cooperación en los mamíferos marinos es fundamental para su supervivencia, ya que les permite trabajar juntos para encontrar comida y protegerse de los depredadores.

Ejemplos de cooperación en los mamíferos marinos

A continuación, presentamos algunos ejemplos de cooperación en los mamíferos marinos:

Orcas: Las orcas son conocidas por su impresionante capacidad para trabajar juntas para cazar. Las orcas pueden trabajar juntas para crear olas que arrastran a las focas desde las plataformas de hielo, y también pueden trabajar juntas para atrapar ballenas jóvenes.

Delfines: Los delfines también son animales altamente sociales que trabajan juntos para encontrar comida y protegerse de los depredadores. Los delfines pueden trabajar juntos para crear una red de burbujas que atrapan a los peces y también pueden trabajar juntos para ahuyentar a los tiburones y otros depredadores.

¿Qué es el engaño en los mamíferos marinos?

El engaño en los mamíferos marinos se refiere a la capacidad de los individuos para engañar a sus presas o depredadores. El engaño en los mamíferos marinos es una habilidad importante que les permite cazar con mayor eficacia y evitar ser cazados.

Ejemplos de engaño en los mamíferos marinos

A continuación, presentamos algunos ejemplos de engaño en los mamíferos marinos:

Orcas: Las orcas pueden engañar a las focas y ballenas jóvenes para que se acerquen a ellas. Las orcas pueden hacerse pasar por una madre y su cría para atraer a las ballenas jóvenes hacia ellas, o pueden hacerse pasar por un pedazo de hielo para atraer a las focas.

Delfines: Los delfines pueden engañar a los peces para que se acerquen a ellos. Los delfines pueden hacerse pasar por un banco de peces para atraer a los peces hacia ellos, o pueden hacerse pasar por un tiburón para ahuyentar a otros peces.

La cooperación y el engaño son habilidades importantes en los mamíferos marinos que les permiten trabajar juntos para sobrevivir en su entorno. Desde las orcas que trabajan juntas para cazar hasta los delfines que engañan a los peces, el comportamiento social en los mamíferos marinos es un testimonio de la importancia de la cooperación y el engaño en el reino animal.

¿Cómo funciona la inteligencia social en los mamíferos marinos?

La inteligencia social en los mamíferos marinos se refiere a la capacidad de los individuos para comprender y responder a los comportamientos y emociones de otros individuos de su especie. La inteligencia social en los mamíferos marinos es fundamental para el comportamiento social en los mamíferos marinos, ya que les permite comunicarse y cooperar efectivamente entre sí.

Ejemplos de inteligencia social en los mamíferos marinos

A continuación, presentamos algunos ejemplos de inteligencia social en los mamíferos marinos:

Orcas: Las orcas tienen una gran capacidad para comprender y responder a los comportamientos y emociones de otros individuos de su grupo. Las orcas pueden comunicarse de manera efectiva entre sí y pueden trabajar juntas para cazar y protegerse de los depredadores.

Delfines: Los delfines también tienen una gran capacidad para comprender y responder a los comportamientos y emociones de otros individuos de su grupo.

Los delfines pueden comunicarse de manera efectiva entre sí y pueden trabajar juntos para encontrar comida y protegerse de los depredadores.

Así que, la cooperación, el engaño y la inteligencia social son habilidades importantes en los mamíferos marinos que les permiten trabajar juntos para sobrevivir en su entorno. Desde las orcas que trabajan juntas para cazar hasta los delfines que engañan a los peces, el comportamiento social en los mamíferos marinos es un testimonio de la importancia de la inteligencia social en el reino animal.

La simbiosis y la comunicación entre diferentes especies: cómo algunos animales trabajan juntos para sobrevivir

La simbiosis y la comunicación entre diferentes especies es un fenómeno interesante que se da en la naturaleza. Algunos animales trabajan juntos para sobrevivir, y a menudo se comunican entre sí de formas que aún no entendemos completamente. En este artículo, exploraremos algunos ejemplos de simbiosis y comunicación entre diferentes especies.

¿Qué es la simbiosis?

La simbiosis es una relación mutuamente beneficiosa entre dos especies diferentes. En la simbiosis, las dos especies trabajan juntas para sobrevivir y prosperar.

Ejemplos de simbiosis entre diferentes especies

A continuación, presentamos algunos ejemplos de simbiosis entre diferentes especies:

El pez payaso y la anémona de mar: Los peces payasos viven en anémonas de mar y obtienen protección de los depredadores. A cambio, los peces payasos defienden a la anémona de mar de los depredadores que comen sus tentáculos.

El pájaro picozapato y el ciervo: El pájaro picozapato se alimenta de los parásitos en la piel del ciervo. A cambio, el ciervo proporciona al pájaro picozapato protección de los depredadores.

¿Cómo se comunican las especies en simbiosis?

La comunicación entre las especies en simbiosis es esencial para su supervivencia y prosperidad. A menudo, las especies en simbiosis utilizan señales químicas y visuales para comunicarse.

Ejemplos de comunicación entre diferentes especies

A continuación, presentamos algunos ejemplos de comunicación entre diferentes especies:

Las hormigas y las plantas: Las hormigas que viven en las plantas pueden comunicarse con las plantas a través de señales químicas. Las plantas pueden producir compuestos químicos que atraen a las hormigas y las hormigas pueden producir feromonas que indican a otras hormigas que hay comida disponible.

Las abejas y las flores: Las abejas y las flores tienen una relación simbiótica. Las flores producen néctar para atraer a las abejas y las abejas polinizan las flores. Las flores utilizan colores y patrones para atraer a las abejas, y las abejas utilizan la danza de la abeja para comunicar a otras abejas dónde se encuentra la comida.

La simbiosis y la comunicación entre diferentes especies son habilidades importantes que les permiten trabajar juntos para sobrevivir en su entorno.

Desde las hormigas que se comunican con las plantas hasta las abejas que polinizan las flores, el comportamiento animal en la simbiosis y la comunicación entre diferentes especies es un testimonio de la importancia de la colaboración en el reino animal.

Capítulo 7
Estudio del lenguaje animal sobre la inteligencia y la conciencia en los animales

El estudio del lenguaje animal nos ha proporcionado una comprensión más profunda de la inteligencia y la conciencia en los animales.

A través de la investigación sobre el lenguaje animal, hemos descubierto que muchos animales tienen la capacidad de comunicarse de manera compleja y sofisticada, lo que sugiere que tienen una inteligencia y conciencia más avanzadas de lo que alguna vez se pensó. En este artículo, exploraremos lo que el estudio del lenguaje animal nos dice sobre la inteligencia y la conciencia en los animales.

¿Qué es la inteligencia animal?

La inteligencia animal se refiere a la capacidad de los animales para aprender, resolver problemas, y adaptarse a su entorno de manera efectiva. Este concepto abarca una amplia gama de habilidades cognitivas y comportamentales, que varían entre diferentes especies.

La inteligencia animal puede evaluarse a través de la observación de comportamientos como el uso de herramientas, la comunicación compleja, la memoria a largo plazo, y la capacidad de aprender de experiencias pasadas.

Además, incluye la habilidad de adaptarse a nuevos desafíos y cambios en el ambiente, lo cual es crucial para la supervivencia. Investigaciones han demostrado que algunos animales poseen habilidades sorprendentes, como los elefantes que muestran empatía y los cuervos que pueden planificar para el futuro.

La inteligencia animal refleja la capacidad innata y desarrollada de los animales para interactuar con su entorno de manera efectiva y adaptativa, demostrando comportamientos complejos que a menudo se asocian con la inteligencia humana.

¿Qué es la conciencia animal?

La conciencia animal se refiere a la capacidad de los animales para ser conscientes de su entorno y de sí mismos. Este concepto implica que los animales no solo reaccionan a estímulos externos, sino que también tienen una experiencia subjetiva y pueden percibir sensaciones, emociones y pensamientos.

La conciencia animal incluye la capacidad de sentir dolor, placer, miedo y otras emociones, así como la habilidad para reconocerse en un espejo, lo cual es un indicio de autoconciencia en algunas especies. Estudios han mostrado que animales como los delfines, elefantes y ciertos primates poseen un alto grado de conciencia, evidenciado por comportamientos complejos como el duelo, el juego y la cooperación social.

La investigación en este campo también sugiere que muchos animales tienen una memoria episódica, permitiéndoles recordar eventos específicos del pasado. En resumen, la conciencia animal abarca una variedad de capacidades cognitivas y emocionales que, permiten a los animales interactuar de manera más profunda con su entorno y consigo mismos.

¿Cómo se relaciona el lenguaje animal con la inteligencia y la conciencia?

El lenguaje animal se relaciona estrechamente con la inteligencia y la conciencia animal, ya que la capacidad de comunicarse de manera compleja y sofisticada es un indicador de altos niveles de cognición y percepción.

El estudio del lenguaje animal ha revelado que muchas especies utilizan diversas formas de comunicación, como vocalizaciones, gestos, señales químicas y movimientos corporales, para transmitir información. Por ejemplo, los delfines emiten una variedad de sonidos para coordinar actividades y los primates utilizan gestos específicos para expresar emociones y necesidades.

Esta capacidad de comunicación avanzada sugiere que estos animales poseen una inteligencia notable, ya que requieren habilidades cognitivas para procesar y responder a la información de manera efectiva. Además, la habilidad de comunicarse sobre experiencias pasadas o futuras indica un grado de conciencia, ya que implica la percepción del tiempo y el reconocimiento de sí mismos y de los demás.

Así que, el lenguaje animal es una manifestación de la inteligencia y la conciencia, reflejando capacidades cognitivas y emocionales complejas.

Ejemplos de lenguaje animal sofisticado

A continuación, presentamos algunos ejemplos de lenguaje animal sofisticado:

Los chimpancés: Los chimpancés poseen un lenguaje gestual sofisticado que les permite comunicarse eficazmente entre sí. Utilizan una variedad de gestos, expresiones faciales y vocalizaciones para transmitir mensajes, como pedir comida, solicitar ayuda, jugar o mostrar afecto.

Este lenguaje gestual es altamente flexible y puede adaptarse a diferentes contextos sociales, lo que demuestra una notable capacidad de aprendizaje y cognición.

Además, los chimpancés han sido entrenados para comunicarse con los humanos mediante el lenguaje de señas, un logro que ha proporcionado una visión más profunda de su inteligencia y capacidad de comprensión.

Algunos chimpancés, como Washoe y Koko, aprendieron a usar numerosas señales para expresar pensamientos y emociones, mostrando que pueden comprender y usar símbolos abstractos para la comunicación.

Estos estudios han revelado que los chimpancés no solo tienen la capacidad de aprender un lenguaje humano, sino también de utilizarlo para interactuar y formar vínculos con los humanos, subrayando su sofisticada inteligencia y conciencia.

Los delfines: Los delfines utilizan un lenguaje complejo de clics y silbidos para comunicarse entre sí, lo que les permite coordinar actividades, identificar a otros individuos y transmitir información sobre su entorno.

Este sistema de comunicación es altamente desarrollado, con cada delfín emitiendo un silbido único que actúa como una especie de "nombre" para su identificación individual.

Además de los clics y silbidos, los delfines también emplean el lenguaje corporal y la proximidad física como formas de comunicación. Los estudios han demostrado que los delfines pueden aprender y responder a señales visuales y auditivas humanas, lo que ha permitido entrenarlos para realizar una variedad de tareas y trucos.

Esta capacidad de aprendizaje y adaptación subraya su alta inteligencia y conciencia. En interacciones con humanos, los delfines han demostrado comprender comandos complejos y ejecutar acciones específicas, lo que refleja no solo su habilidad para comunicarse, sino también su capacidad para formar vínculos sociales y cooperativos con otras especies.

¿Qué nos dice el estudio del lenguaje animal sobre la inteligencia y la conciencia?

El estudio del lenguaje animal ha revelado que muchas especies poseen una inteligencia y conciencia más avanzadas de lo que se creía anteriormente. A través de diversas formas de comunicación, como vocalizaciones, gestos, señales químicas y movimientos corporales, los animales demuestran habilidades cognitivas y emocionales complejas. Por ejemplo, los primates utilizan gestos específicos para expresar necesidades y emociones, mientras que los delfines emiten clics y silbidos únicos para identificar y coordinarse con otros individuos.

Estos comportamientos sugieren un alto nivel de procesamiento mental y percepción consciente.

Además, el entrenamiento de ciertos animales, como chimpancés y delfines, para usar lenguajes humanos de señas o señales visuales, ha proporcionado evidencia de su capacidad para comprender y utilizar símbolos abstractos.

Esto indica no solo inteligencia, sino también una forma de autoconciencia y empatía, ya que estos animales pueden expresar pensamientos y emociones complejas. En resumen, el lenguaje animal es una ventana a la sofisticación mental y emocional de muchas especies, desafiando nuestras percepciones tradicionales de la inteligencia y la conciencia animal.

El estudio del lenguaje animal nos proporciona una comprensión más profunda de la inteligencia y la conciencia en los animales. Desde los chimpancés que se comunican a través del lenguaje de señas hasta los delfines que tienen un lenguaje de clics y silbidos, el comportamiento animal en el lenguaje es un testimonio de la inteligencia y la conciencia avanzadas en el reino animal.

¿Cómo podemos aplicar estos conocimientos para proteger y conservar la vida silvestre?

El conocimiento sobre el lenguaje y la comunicación animal puede ser utilizado para proteger y conservar la vida silvestre. A continuación, se presentan algunas formas en las que podemos aplicar estos conocimientos:

1. Educación y conciencia

El conocimiento sobre el lenguaje y la comunicación animal desempeña un papel crucial en la educación y la conciencia ambiental. Al entender cómo los animales se comunican y se relacionan entre sí, podemos desarrollar una mayor apreciación y respeto por la vida silvestre y sus hábitats.

Este conocimiento ayuda a las personas a reconocer la complejidad y la importancia de las interacciones animales, fomentando una conexión más profunda con la naturaleza. Además, educar sobre el lenguaje animal puede motivar a la gente a apoyar esfuerzos de conservación, ya que se dan cuenta de que muchas especies poseen habilidades cognitivas y emocionales avanzadas que merecen protección.

Por ejemplo, conocer cómo los delfines coordinan sus actividades mediante silbidos únicos puede inspirar acciones para preservar sus ambientes marinos. En resumen, la educación sobre la comunicación animal no solo enriquece nuestro entendimiento científico, sino que también promueve la conservación de la vida silvestre y la protección de los ecosistemas, esenciales para la biodiversidad del planeta.

2. Conservación de hábitats

El conocimiento sobre el lenguaje y la comunicación animal es vital para la conservación de hábitats. Al comprender cómo los animales se comunican e interactúan con su entorno, los conservacionistas pueden identificar áreas cruciales para su supervivencia.

Por ejemplo, los territorios donde las aves realizan cantos complejos para atraer parejas o defender territorios son esenciales para su reproducción y deben ser protegidos. Del mismo modo, los delfines que utilizan silbidos específicos para coordinarse en la caza necesitan océanos limpios y tranquilos para prosperar.

Al estudiar estas interacciones, podemos reconocer los hábitats que soportan comportamientos críticos para la supervivencia de las especies.

Esto permite a los conservacionistas priorizar la protección y restauración de estos entornos, garantizando que los animales tengan los recursos necesarios para llevar a cabo sus actividades vitales.

Así, el conocimiento del lenguaje animal no solo profundiza nuestra comprensión científica, sino que también guía esfuerzos prácticos para conservar los hábitats esenciales para la biodiversidad y la salud de los ecosistemas.

3. Investigación y monitoreo

El conocimiento sobre el lenguaje y la comunicación animal es esencial para la investigación y el monitoreo de la vida silvestre. Al entender cómo los animales se comunican, los científicos pueden desarrollar métodos no invasivos para estudiar y seguir a las especies sin alterar sus hábitats naturales.

Por ejemplo, la grabación de vocalizaciones de aves puede proporcionar información sobre sus poblaciones y patrones de migración sin necesidad de capturarlas o molestarlas.

Del mismo modo, el uso de hidrófonos para monitorear los clics y silbidos de los delfines permite a los investigadores rastrear sus movimientos y comportamiento en el océano sin intervención directa.

Estos métodos respetuosos del entorno ayudan a recopilar datos cruciales sobre la salud, el comportamiento y la dinámica poblacional de las especies. En resumen, el conocimiento del lenguaje animal facilita investigaciones más éticas y precisas, contribuyendo significativamente a la conservación y protección de la vida silvestre a largo plazo.

4. Restauración de ecosistemas

El conocimiento sobre el lenguaje y la comunicación animal es crucial para la restauración de ecosistemas dañados. Al entender cómo los animales se comunican e interactúan con su entorno, los científicos y conservacionistas pueden identificar las condiciones necesarias para la salud y el bienestar de diversas especies.

Por ejemplo, restaurar áreas donde las aves cantan para atraer parejas implica replantar vegetación adecuada y asegurar un entorno libre de ruidos artificiales que puedan interferir con sus vocalizaciones.

En el caso de los delfines, la creación de hábitats marinos saludables incluye la reducción de la contaminación acústica y química para facilitar su comunicación mediante clics y silbidos.

Este conocimiento permite diseñar estrategias de restauración que no solo consideran los aspectos físicos del hábitat, sino también las necesidades comunicativas y comportamentales de la vida silvestre.

El estudio del lenguaje animal guía esfuerzos integrales para rehabilitar ecosistemas, asegurando que sean funcionales y sostenibles para las especies que los habitan.

Finalmente, El conocimiento sobre el lenguaje y la comunicación animal es fundamental para la protección y conservación de la vida silvestre. Al comprender cómo se comunican los animales y sus interacciones con el entorno, podemos implementar diversas estrategias para su protección.

A través de la educación y conciencia, informamos al público sobre la importancia de conservar la vida silvestre y los ecosistemas, fomentando un mayor respeto y apoyo a las iniciativas de conservación. La conservación de hábitats se beneficia al identificar áreas críticas para la comunicación y comportamiento animal, priorizando su protección y restauración.

La investigación y monitoreo, utilizando métodos no invasivos basados en la comunicación animal, nos permite recopilar datos esenciales sin perturbar a las especies.

Finalmente, la restauración de ecosistemas se guía por el entendimiento de las necesidades comunicativas de los animales, creando hábitats saludables que soportan sus comportamientos naturales.

En conjunto, estos esfuerzos coordinados aseguran la supervivencia de la vida silvestre y la preservación de nuestros ecosistemas naturales.

Epílogo

La naturaleza nunca dejará de sorprendernos. A lo largo de este libro, hemos explorado el fascinante mundo del lenguaje animal, descubriendo la diversidad de formas en que los animales se comunican y se relacionan entre sí.

Hemos aprendido que el lenguaje animal es mucho más complejo y sofisticado de lo que alguna vez se pensó, y que los animales tienen la capacidad de comunicarse y colaborar de maneras que son verdaderamente impresionantes.

Pero no se trata solo de admirar la belleza del lenguaje animal. También hemos visto cómo estos conocimientos pueden ser aplicados para proteger y conservar la vida silvestre.

A través de la educación, la conservación de hábitats, la investigación y el monitoreo, y la restauración de ecosistemas, podemos trabajar juntos para asegurar la supervivencia de la vida silvestre y proteger nuestros ecosistemas naturales.

En última instancia, el estudio del lenguaje animal nos enseña a apreciar la complejidad y la maravilla del mundo natural que nos rodea. Nos recuerda que somos parte de un ecosistema interconectado, y que debemos trabajar juntos para proteger y conservar la vida silvestre y el medio ambiente en el que vivimos.

Esperamos que este libro haya sido una inspiración para aquellos que buscan comprender mejor el lenguaje secreto de los animales, y que haya generado un mayor aprecio por la riqueza y la diversidad de la vida en la Tierra. Que nuestra comprensión del lenguaje animal nos guíe hacia un futuro más sostenible y en armonía con el mundo natural.

Conclusión

El libro, **"El Lenguaje Secreto de los Animales**,**"** nos ha llevado en un fascinante viaje de descubrimiento a través del mundo del lenguaje animal. Hemos aprendido que los animales se comunican de diversas formas, desde la comunicación visual y acústica hasta la comunicación eléctrica y química. También hemos visto cómo los animales utilizan el lenguaje para colaborar, cooperar, engañar y ayudarse mutuamente.

A lo largo del libro, hemos descubierto que el lenguaje animal es mucho más complejo y sofisticado de lo que alguna vez se pensó. Los animales tienen la capacidad de comunicarse de manera efectiva y sofisticada, lo que sugiere que tienen una inteligencia y conciencia más avanzadas de lo que alguna vez se creyó.

Además, hemos aprendido que el conocimiento del lenguaje animal puede ser utilizado para proteger y conservar la vida silvestre. A través de la educación, la conservación de hábitats, la investigación y el monitoreo, y la restauración de ecosistemas, podemos trabajar juntos para proteger y conservar los ecosistemas naturales y la vida silvestre.

En última instancia, "El Lenguaje Secreto de los Animales" nos recuerda la importancia de apreciar y respetar el mundo natural que nos rodea. Nos enseña que somos parte de un ecosistema interconectado y que debemos trabajar juntos para proteger y conservar nuestro medio ambiente. Esperamos que este libro haya inspirado a los lectores a explorar más a fondo el fascinante mundo del lenguaje animal y a tomar medidas para proteger y preservar nuestro planeta.

Es importante destacar que el estudio del lenguaje animal es un campo en constante evolución, y que todavía hay mucho por aprender y descubrir. A medida que la tecnología y las técnicas de investigación mejoran, seguramente se descubrirán nuevas formas en que los animales se comunican y colaboran entre sí.

Además, es importante que sigamos trabajando para mejorar nuestras relaciones con la vida silvestre. Debemos aprender a coexistir pacíficamente con los animales y a respetar sus hábitats naturales. Al hacerlo, podemos ayudar a garantizar que las generaciones futuras puedan disfrutar de la diversidad y la belleza de la vida silvestre.

En conclusión, "El Lenguaje Secreto de los Animales" es un libro fascinante que nos lleva a un viaje de descubrimiento a través del mundo del lenguaje animal.

Al explorar cómo los animales se comunican y colaboran, hemos aprendido mucho sobre la inteligencia y la

conciencia de los animales, y cómo podemos trabajar
juntos para proteger y conservar el medio ambiente y
la vida silvestre. Esperamos que este libro haya sido
una inspiración para los lectores y que haya fomentado una mayor apreciación por el mundo natural que
nos rodea.

Reflexiones finales y futuras líneas de investigación

Después de explorar el fascinante mundo del lenguaje animal a lo largo de este libro, es difícil no sentir una mayor apreciación y respeto por la vida silvestre. Hemos aprendido que los animales son capaces de comunicarse y colaborar de maneras complejas y sofisticadas, lo que sugiere que su inteligencia y conciencia son mucho más avanzadas de lo que alguna vez se creyó.

También hemos visto cómo el estudio del lenguaje animal puede ser utilizado para proteger y conservar la vida silvestre y los ecosistemas naturales. Al comprender cómo se comunican los animales y cómo interactúan con su entorno, podemos trabajar para proteger y conservar los hábitats naturales de la vida silvestre.

En cuanto a las futuras líneas de investigación, el estudio del lenguaje animal es un campo en constante evolución, y hay mucho por descubrir. Algunas áreas de investigación que podrían ser exploradas en el futuro incluyen:

El papel de la comunicación en la formación de alianzas entre animales.

El medio ambiente desempeña un papel crucial en la comunicación y el comportamiento animal. Los animales dependen de su entorno para encontrar alimentos, refugio, y parejas, y su capacidad para comunicarse está adaptada a las condiciones ambientales específicas.

Por ejemplo, las aves que viven en densos bosques desarrollan cantos más agudos para que sus llamadas viajen mejor a través del follaje, mientras que las especies que habitan en espacios abiertos pueden usar vocalizaciones más bajas y prolongadas. Los animales acuáticos, como los delfines, utilizan clics y silbidos que se propagan eficientemente en el agua para coordinar la caza y mantener la cohesión del grupo.

Además, el comportamiento animal también se ajusta a los cambios ambientales, como las migraciones estacionales en respuesta a variaciones en la disponibilidad de recursos. Las perturbaciones humanas, como la deforestación y la contaminación acústica, pueden interferir con estas formas de comunicación, afectando negativamente la supervivencia y el éxito reproductivo de las especies.

Por tanto, la protección y restauración de hábitats naturales es esencial para mantener la comunicación y los comportamientos adaptativos de la vida silvestre.

El estudio de la comunicación animal en el contexto de la evolución y la selección natural revela cómo las habilidades comunicativas han desarrollado ventajas adaptativas para la supervivencia y la reproducción.

La comunicación efectiva puede mejorar la capacidad de un animal para encontrar pareja, defender territorio, coordinar actividades grupales y advertir sobre depredadores.

Estas habilidades comunicativas son producto de la selección natural, donde los individuos con formas de comunicación más eficientes tienen más probabilidades de sobrevivir y reproducirse, transmitiendo sus características a las siguientes generaciones.

Por ejemplo, los cantos complejos de algunas aves han evolucionado no solo para atraer parejas, sino también para demostrar la salud y la genética superior del cantante. Los sistemas de comunicación también pueden evolucionar en respuesta a presiones ambientales específicas, como la necesidad de evitar predadores o de maximizar el éxito reproductivo en entornos competitivos.

Así, el estudio de la comunicación animal proporciona una visión integral de cómo las señales y comportamientos comunicativos se han refinado a través del tiempo, moldeando la diversidad y la complejidad de la vida en la Tierra.

El desarrollo de métodos de investigación no invasivos para estudiar la comunicación animal es crucial para obtener información precisa sin alterar los comportamientos naturales de las especies.

Estas técnicas permiten a los científicos observar y analizar cómo los animales se comunican y se comportan en su entorno natural, minimizando el estrés y las perturbaciones. Métodos como la grabación de audio y video a distancia, el uso de drones, y el seguimiento mediante GPS permiten recopilar datos detallados sobre vocalizaciones, movimientos e interacciones sociales.

Por ejemplo, los hidrófonos se utilizan para captar los sonidos de los delfines en el océano, mientras que las cámaras trampa registran las actividades de los mamíferos terrestres sin intervención humana. Además, la tecnología de análisis de datos y el uso de inteligencia artificial ayudan a interpretar grandes volúmenes de información recogida.

Estos enfoques no invasivos no solo mejoran la calidad de la investigación, sino que también aseguran la preservación del comportamiento auténtico de los animales, proporcionando una base sólida para la conservación y la gestión de la vida silvestre.

En general, el estudio del lenguaje animal es un campo fascinante que tiene el potencial de arrojar luz sobre la inteligencia y conciencia animal, así como de ayudarnos a proteger y conservar la vida silvestre y el medio ambiente. Esperamos que este libro haya sido una inspiración para los lectores y que haya fomentado una mayor apreciación por el mundo natural que nos rodea.

Además, es importante destacar que el estudio del lenguaje animal tiene implicaciones más allá del campo de la biología. Por ejemplo, el conocimiento de cómo los animales se comunican y colaboran puede ser aplicado en la robótica y la inteligencia artificial para mejorar la eficiencia y la efectividad de los sistemas autónomos.

También es importante señalar que, si bien hemos aprendido mucho sobre el lenguaje animal a lo largo de este libro, todavía hay muchas especies y ecosistemas que no han sido estudiados. Por lo tanto, es importante seguir investigando y explorando el mundo del lenguaje animal para poder entender mejor la diversidad y complejidad de la vida en la Tierra.

En última instancia, esperamos que este libro haya despertado su curiosidad y su interés por el fascinante mundo del lenguaje animal. Al comprender mejor cómo se comunican los animales y cómo interactúan con su entorno, podemos trabajar juntos para proteger y conservar la vida silvestre y los ecosistemas naturales para las generaciones futuras.

Bibliografía:

Bradbury, J. W., & Vehrencamp, S. L. (Eds.). (2015). Principles of animal communication (2ª ed.). Sunderland, MA: Sinauer Associates.

Cheney, D. L., & Seyfarth, R. M. (2016). Behavioral ecology and the evolution of primate vocalizations. Annual Review of Anthropology, 45, 273-294.

Hauser, M. D., & Konishi, M. (Eds.). (2010). The design of animal communication (1ª ed.). Cambridge, MA: MIT Press.

Marler, P., & Slabbekoorn, H. (2004). Nature's music: The science of birdsong. San Diego, CA: Elsevier Academic Press.

Ryan, M. J. (2006). Animal behavior: An evolutionary approach (8ª ed.). Sunderland, MA: Sinauer Associates.

Seyfarth, R. M., Cheney, D. L., & Bergman, T. J. (2010). Primate social cognition and the origins of language. Trends in Cognitive Sciences, 14(6), 250-256.

Waser, P. M., & Wiley, R. H. (Eds.). (2012). Animal communication and sound production: Electromagnetic, acoustic, and vocal signals. Baltimore, MD: Johns Hopkins University Press.

Este libro es una obra de no ficción basada en las experiencias y el conocimiento del autor. Se ha hecho todo lo posible para asegurar la precisión de la información presentada. Sin embargo, el autor y el editor no asumen ninguna responsabilidad por errores, omisiones o interpretaciones incorrectas de los contenidos del libro. Los lectores deben consultar a un profesional adecuado para sus necesidades individuales.

OTRAS OBRAS DEL AUTOR

- Hábitos que resaltan tu personalidad
- 13 Hábitos de la gente altamente eficiente
- En busca de la Superación Personal
- Cómo y porqué aprender a sublimar tazas y thermos
- Como Crear un huerto para cultivos en casa
- El camino es la meta
- 13 Habits of highly efficient people
- Habits that highlight your personality
- Turismo de salud y bienestar
- Economías naranja
- Cuándo buscar consejería matrimonial
- La Inteligencia artificial al servicio de la humanidad
- Terapia de pareja cognitivo-conductual (TCC)
- Construye tu imagen de marca como autor
- Paz interior mediante meditación
- El Poder de los Hábitos Cotidianos

- Pasos para que sucedan cosas buenas

- Los Secretos de los millonarios

- Caminando con Cristo

- Plantar, Regar y Esperar en Dios

- Evangelismo- Un Viaje Espiritual

- Cómo ser autodidacta

- Ser positivo: Cómo ser más productivo y exitoso

- Cómo ser optimista

- Caminar es salud

- Cómo eliminar los frenos mentales

Gracias, para ayudarte en tus proyectos digitales, contáctanos: https://pedroaguerovallejo.com

https://www.instagram.com/scritor1

Todos mis libros

CURSO CÓMO CUIDAR
PLANTAS DE INTERIOR
Y PAISAJISMO EN CASA
Aprende a Cuidar Tus Plantas y Diseñar Tu Paisaje Del Jardín al Interior: Técnicas y Consejos para Plantas en Casa
Pedro Agüero Vallejo

CÓMO CREAR UN
HUERTO PARA CULTIVOS EN CASA
Una Guía para Principiantes en Huertos Caseros y Familiar
Pedro Agüero Vallejo

JARDINERÍA VERTICAL
PARA ESPACIOS PEQUEÑOS
Técnicas y Consejos para Crear Jardines Verticales en Espacios Reducidos
Pedro Agüero Vallejo

CÓMO CREAR UN NEGOCIO DE FABRICACIÓN DE VELAS, PASO A PASO
Velas Aromáticas que Venden: La Fusión del Arte y el Negocio
PEDRO AGÜERO VALLEJO

CÓMO FABRICAR JABONES ARTESANALES
Fórmulas Básicas para Principiantes. Paso a paso: Guía Detallada para Jabones hechos en Casa
Pedro Agüero Vallejo

CÓMO CREAR UN NEGOCIO DE FABRICACIÓN DE JABONES
Guía sobre Cómo Hacer Jabón Natural, Venderlo y Hacer Crecer el Negocio desde tu Hogar
PEDRO AGÜERO VALLEJO

CÓMO FABRICAR JABONES DE GLICERINA
Guía completa de Técnicas y Fórmulas paso a paso para Principiantes y Emprendedores en la Creación de Jabones Personalizados
PEDRO AGÜERO VALLEJO

CAMINAR ES SALUD
Descubre el Poder Curativo de cada Paso: Los Secretos de la Vitalidad Revelados en "Caminar es Salud"
Pedro Agüero Vallejo

CÓMO CREAR UN
HUERTO EN CASA
Diseña y Planta tu Huerto Personal Pasos Sencillos para un Huerto Casero
Pedro Agüero Vallejo